我们一起解决问题

人力资源管理创新丛书

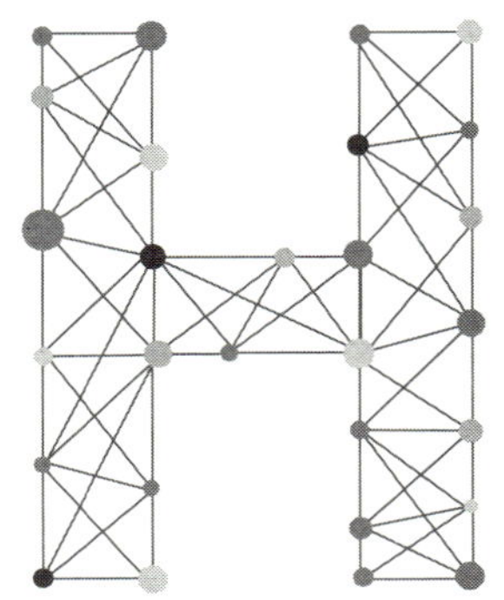

人力资源与大数据分析

新时代HR必备的分析技能

[美] 雅克·菲茨恩兹（Jac Fitz-enz）
约翰·R.马托克斯二世（John R.Mattox Ⅱ）◎著
赵磊 任艺◎译

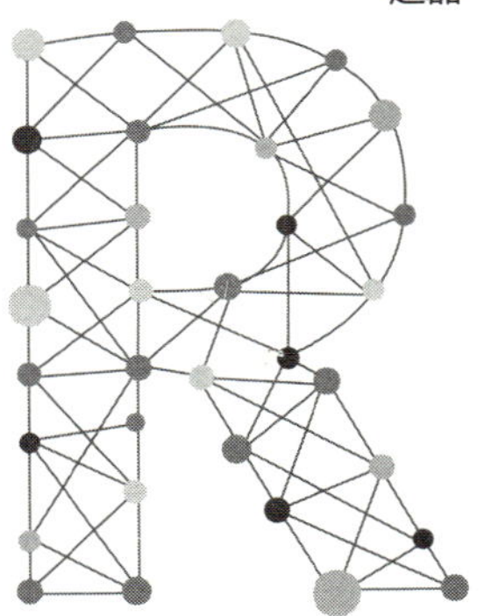

人民邮电出版社
北京

图书在版编目（CIP）数据

人力资源与大数据分析 ：新时代HR必备的分析技能 /
(美) 雅克·菲茨恩兹 (Jac Fitz-enz) , (美) 约翰·R.
马托克斯二世 (John R.Mattox II) 著 ; 赵磊, 任艺译
. -- 北京 : 人民邮电出版社, 2018.5（2018.10重印）
（人力资源管理创新丛书）
ISBN 978-7-115-48255-6

Ⅰ. ①人… Ⅱ. ①雅… ②约… ③赵… ④任… Ⅲ.
①数据处理－应用－人力资源管理 Ⅳ. ①F243-39

中国版本图书馆CIP数据核字(2018)第072314号

内容提要

尽管数据分析很早就被应用于商业领域了，但是对于人力资源领域来说相对较新。很多 HR 还会问“我该从哪里入手”“可以使用哪些工具”等问题，本书将为读者解答这些困惑。

本书开篇为读者理解数据分析提供了理论基础，之后通过生动真实的案例，讲述了简单报告中的数据是如何展开并转化为商业智慧和可操作信息的，作者结合一系列图表描述了数据分析的实用课程，展示了数据分析的更多用途，展望了人力资本分析的未来。书中内容可以帮助人力资源经理、人力资源高级管理人员迅速成长为人力资源分析师或分析团队负责人。

本书作者被誉为“人力资本战略分析和测评之父”，在人力资源预测分析方面具有很高的声誉。

◆ 著 ［美］雅克·菲茨恩兹（Jac Fitz-enz）
［美］约翰·R. 马托克斯二世（John R.Mattox II）
译 赵 磊 任 艺
责任编辑 刘 盈
责任印制 焦志炜

◆人民邮电出版社出版发行 北京市丰台区成寿寺路 11 号
邮编 100164 电子邮件 315@ptpress.com.cn
网址 http://www.ptpress.com.cn
固安县铭成印刷有限公司印刷

◆开本：700×1000 1/16
印张：14.5 2018 年 5 月第 1 版
字数：200 千字 2018 年 10月河北第 5 次印刷
著作权合同登记号 图字：01-2015-8781 号

定 价：59.00 元
读者服务热线：（010）81055656 印装质量热线：（010）81055316
反盗版热线：（010）81055315
广告经营许可证：京东工商广登字20170147号

献给劳拉，我的妻子、伙伴和至爱。

——雅克·菲茨恩兹

献给我生活上的小家庭和专业上的大家庭，感谢你们的全力支持。

——约翰·R. 马托克斯二世

“人力资源管理创新丛书”专家委员会

（按姓氏笔画排序）

马海刚	腾讯人力资源平台部总经理、广东省人力资源研究会副会长、广东省人力资源管理师联合会会长、广东省人才开发与管理研究会副会长
朱晓红	合肥源动力经营者人才公司首席顾问、总经理
伍宇文	中国管理科学研究院学术委员会特约研究员、西班牙欧美管理科学学术会议议程主持人
任　艺	华恒智信副总经理、高级人才发展顾问
刘凤瑜	微软大中华区人力资源服务总监、北京中外企业人力资源协会（HRA）员工关系委员会主任
孙宗虎	北京弗布克管理咨询有限公司总经理
李　刚	中国人民大学人力资源开发与管理研究中心研究员
时　勘	中科院研究生院管理学院副院长、博士生导师、工业与经济心理研究室主任、心理所学术委员会副主任
张　颖	知名薪酬绩效专家、颖和企业管理咨询创始人、武汉大学CHO研修班特聘讲师、原腾讯薪酬福利高级经理
郑孝领	中国长三角十佳猎手、合肥伯骏猎头首席猎头顾问
孟志强	稻盛和夫中国“盛和塾”特聘专家、国家工信部中小企业培训中心特聘专家
赵　磊	中国人力资本分会常务理事、华恒智信合伙人
胡　海	新加坡（亚洲）人力资源研究所主任研究员
胡　炜	中信建投证券股份有限公司人力资源部高级副总裁、人才甄选和职业发展专家、人社部人才测评专家

段　冬	58 到家首席人才官
莫永荣	台北大学公共行政暨政策学系兼任助理教授、台湾大学管理学院 EMBA 财务金融组成员
栗庆森	北京中外企业人力资源协会（HRA）理事、秘书长
贾福新	北京普华文化发展有限公司总经理、编审
徐　斌	教授、《人才创新思维》作者、国内第一位人才系主任、中国人力资源开发研究会人才测评学会副会长
高建华	企业十佳战略管理专家、原中国惠普公司助理总裁兼首席知识官（CKO）、原苹果电脑公司中国市场总监
谈　今	爱立信大中华区人力资源副总裁
崔　翔	上海外商投资企业协会常年顾问，华恒智信副总经理、资深咨询师
章义伍	著名管理顾问、麦当劳公司训练经理和营运经理、清华大学客座教授

译者序

人才储备不足几乎是所有中国企业管理者最头疼的问题，因为人才培养有周期，短则几周，长则需要几年的时间。如何利用现有数据，前瞻性地做好人才规划，发现人才的特质以及组织人才管理中的规律，满足企业发展与变革的需要，是所有企业管理者、人力资源决策者需要具备的一项技能。基于以上背景，华恒智信顾问作为专业从事本项研究的团队，将国际知名的人力资源预测分析专家雅克·菲茨恩兹、约翰·R.马托克斯二世撰写的这本书推荐给大家。

对于人力资源行业而言，大数据有什么价值呢？是用来调查外界的薪酬水平，还是用来关注组织的人才需求？是简单地对标一下企业内部的人员结构，还是分析一下什么样的考核体系最能调动人才的积极性？作者雅克·菲茨恩兹、约翰·R.马托克斯二世在这本书中，为我们展现了一个全新的视角。

近年来，随着国内企业与国际市场的逐渐接轨，人力资源行业的快速发展，外部各种优秀的工具、方法、研究成果等迅速涌现。当几乎没有量化考核标准（定性评估为主）的国内企业，听到关键绩效指标法的时候，各类企业几乎言考核必称 KPI；当谷歌、Uber 等企业采用了英特尔公司发明的 OKR 考核方法的时候，各类创新型企业、研发型企业纷纷效仿。且不说效果如何，敢于改变就是一种进步。对于适应了大数据时代发展的预测性分析工具，却极少听说有企业采用，更别说将这一方法成功实现本土化了。究其原因，首先是“不了解”，其次是“没方法”，最后是“少动力”。本书恰恰是从这三个方面为企业使用这一工具提供了指导。

首先，本书综合采用了理论推演、成功案例、真实场景等各种方法，从各个角度深入浅出地为读者解析预测性分析。预测性分析，简而言之，就是从大数据中找出我们想要的客观数据，配合工具，得出最终能够指导实践的结论。举一个简单的例子，当超市用会员卡吸引客户来购物时，通过梳理、统计、计算大量的购物数据，超市可以知道哪种商品最受欢迎，甚至是最受哪个年龄段的消费者欢迎，从而针对这类群体的消费特点，清楚补充货源的频率，避免库存积压，降低仓储成本。同时，超市可以把这些商品放在一起，让本来只想买 A 商品的消费者能够看到自己也很喜欢的 B 商品，以达到促销的目的。

其次，当你读完本书后，你会惊叹于预测性分析这个工具竟然如此高效且易行。待你仔细思考实施方案的时候，又会发现这座山很高，大数据提供的工具很多，但我们不知如何入手。这时，你可以重读本书，发现作者已经提供了一条登山石阶，并且每到达一个高度，你都会得到相应的回报。作者没有空泛地说人力资源从业者“需要认真做事”，而是直接告诉你："你需要企业高层的支持"，你可以按照本书提供的方法，吸引高层的注意并获得支持。我相信，对于人力资源从业者而言，这是切中肯綮的指导。

最后，这本书始终用真实案例和未来设想为你展示预测性分析在人力资源领域的发展蓝图。虽然仅仅是管中窥豹，却已经为我们展示了一片广阔的世界。正如古人无法想象人类通过网络在多大程度上改变了信息的获取广度和速度一样，我们也难以预料，预测性分析未来能在多大程度上改变人力资源的工作。你可以为所有难以预料、难以判断、难以量化的问题找到无限接近于真实的答案，包括招聘哪种人才不会离职、激励哪种人才能带来最大绩效、哪种培训会对哪类人才带来最大效果等，你甚至可以在当事人还没产生这一想法之前，就判断出他什么时候会离职。这一切，都可以通过对可量化数据的获取和分析来实现。

在读过这本书后，你会发现，大数据可以随时变成你最得心应手的工具，甚至成为一件艺术品。当然，工具再好，也需要人来使用，也要符合企业的实际情况。我相信大家能够通过本书学会使用这把"利器"，至于利器是用于冲锋陷阵，还是切菜做饭，已不是本书所能决定的。通过短短七章的内容，让大家了解预测性分析，为读者开启一扇通往新世界的大门，激发你的学习兴趣，已是我们作为研究者和译者的最大心愿。

在一年多的翻译过程中，要感谢华恒智信的专家老师在翻译工作中的字斟句酌和专业解答，我们尽最大努力，秉承"忠实原作、解释清楚"的原则，希望译文内容既能展现作者本意，又可以帮助中国读者更好地理解。在不改变作者原意的基础上，我们对可能使读者产生不连贯、不清晰阅读体验的地方进行了修改或注释。经过多次的校对和各位老师的反复指导，终成此稿。在此书出版之际，我们要对给予过本书编译工作无私支持和帮助的朋友们、为本书的成稿进行过释疑、推敲的专家们，致以万分的感谢。

还要特别感谢崔翔博士、山西安泰集团王凤斌先生、北汽新能源公司赵新星先生以及中国重汽集团技术中心方莉女士与刘志敏先生。他们在百忙之中抽出时间，根据其在企业管理领域的实践经验与探索总结，对本书提出了很多符合中国企业管理实践的宝贵意见。此外，要感谢任飞、尚彩云、刘潋、张月寒、黄启安、王宇、赵乔滢、王俊雅等，他们直接参与了部分章节的初译、校对、录入或制图等工作。

全书由赵磊先生、任艺女士负责最后的统稿、审定。

最后，我们要衷心感谢北京普华文化发展有限公司的领导和编辑们，他们为本书的出版付出了辛勤的劳动，作出了巨大的努力。

由于本书编译工作量大，加之译者水平有限，难免会有翻译不当之处，恳请广大读者朋友不吝赐教，以便我们再版时予以完善。

北京华恒智信人力资源顾问公司

2018 年 3 月

英文版序

这本非同寻常的书是由两位人力资本行业的引领者撰写的，两位作者为企业如何赢得人才“争夺战”指明了方向。企业准确运用这本书中提到的原理，将会获得巨大的竞争优势。

让我来客观地解释一下：这是一个可以为股东创造上万亿美元价值的机会，有不计其数的证据能证明这个结论。单单在美国，每年各公司在劳动力成本上的支出总和就超过了6万亿美元。每个组织都会聘用不合适的人、实施没有足够回报的培训项目，每个组织都有不称职的员工、能力不足的领导和难以达到最优化配置的人才资源。

我的公司Knowledge Advisors主要通过Metrics that Matter软件提供预测性分析来解决这些问题。数据显示，有效实施了自动化人才预测性分析的组织至少会有4%的产量增长。在劳动力成本超过6万亿美元的情况下，得到4%的产量增长就意味着每年把劳动力成本降低了大约2500亿美元。由于大多数公司以超过市盈率四倍的价格进行交易，因此2500亿美元意味着实施预测性分析为股东带来了增加上万亿美元的机会，这还不包括那些将这个机会进一步扩大的其他可能。

没有为自己的人才投资实施预测性分析的公司领导者和人力资源主管是在变相地损害他们股东的利益。政府部门也应该加以注意。研究表明，政府部门花在培训上的钱至少有一半被浪费了。美国联邦政府每年在培训方面花费 300 亿美元，也就是说，每年大约有 150 亿美元被浪费了。平心而论，一些联邦机构如今已经在采用自动化的分析方案，并开始尝到浪费迅速减少和产量显著增加所带来的甜头。

许多行业的领军公司都进行了预测性分析，并已经取得了成效，其他企业是时候奋起直追了。传统的人力资源管理方式没有高质量的数据作为支撑，将很快落伍。哪位首席执行官想比竞争者聘用更多表现不好的员工或更多无效的领导者呢？难道股东们不希望公司为正在着手准备的项目或者企业大学实施质量控制体系吗？如今，支持低成本地运用云计算进行人才分析的技术和相应的生态系统已经出现，是时候提高组织业务水平、人力资源管理水平、人才规模水平以及从业人士专业水平，并通过它们将组织提升到一个新高度了。

这本书提供了一套切实可行的有关“如何做”的行动指南，目的就是帮助读者启动和管理分析型项目。

——肯特·D. 巴内特

Knowledge Advisors 股份有限公司创始人和首席执行官

前 言

科技正以飞快的速度帮助我们生成数据，速度之快促使我们不得不持续创造出新的名词来描述数据的规模，例如，1 个泽字节（zettabyte，ZB）是 10 的 21 次方的字节。

2012 年，全世界的数据库有 2 个泽字节（2ZB）。现在，我们每天生成 2 万亿的千兆字节。仅需要 438 天，世界数据库的字节就会翻一倍。接下来，这些数据将会以每年甚至更快的频率加速融合。80% 的数据是非结构性的。自 500 多年前活字印刷机发明以来，这次是最大的科技革命了。每一次革命都带来了机遇，只有那些利用新工具和新思维方式武装自己的人才能抓住这些机遇。

每天新生成的数据数量是无法想象的，好在我们不必处理所有的数据，因为我们根本办不到。大多数新生成的数据从来不会被用到。当那些字节被收集、组织，并与其他数据进行相关性分析、建模并且应用于对投资结果的预测时，它们就具备了潜在的价值。显然，我们正处于前所未有的巨大的数据集合体之中，当你阅读这本书的时候，数据可能正在呈指数级增长。我们要做的就是将数据转化为信息，进而转化为智慧。

测量和分析

分析需要测量标准作为基本语言，如果愿意的话，分析人员也可以使用微积分，在此基础上进行描述性、预测性和规范性分析。在过去的30年里，通过撰写下面一系列书籍，我（作者雅克）已经建构了测量和分析的基础：《如何衡量人力资源管理》（麦格劳希尔出版社，1984年，1995年，2002年）；《人力资本的投资回报率》（艾默康出版公司，2000年，2009年）；《新的人力资源分析》（艾默康出版公司，2010年）；《人力资本分析》（威利出版社，2012年）。这些图书展示了测量和分析的概念、模型、电子数据表以及案例。从1999年到2001年，我和首家分析公司SAS机构进行合作，分享了关于人力资本测量和分析的想法。所有这些早期的想法都被收入这本书中，目的是指导读者一步步地实施人力资本分析的项目或计划。

术语“分析”（analytics）来自于希腊语“analysis”，意味着解体、破裂，“ana-”指的是“上面的，全部，完全的”，“lysis”指的是“放松，松开”。事实上，分析是为了更好地理解研究中的现象而将情境中的变量分离并识别的过程。尽管分析理论对人力资本测度来说相对较新，但从1960年美国航空公司的预定系统开始使用以来，分析就已经进入商业领域了。考虑到那个时期的科技发展情况，这算得上是一个惊人的成就。最终，通过对飞行数据和预订系统的分析，全世界350 000个旅行机构和400条航线得以相连。不久之后，沃尔玛获得其所在行业的支配地位，很大程度上也是归因于其库存管理数据。然后是亚马逊公司，它通过互联网改写了零售业的历史。谷歌和Facebook公司更是数据的专营公司。谷歌不仅能在十分之三秒内满足用户的搜索需求，还能基于每天累积的数百万数据，在用户输入完整信息前就预测出其要搜索的内容。

在过去的短短几年里，“可预测性”这一观点出现在人力资本管理的范围内。在2007年，我构建发起了“预测计划”，这是一个由12家大公司和几个思想先锋组成的联盟。我们发现了分析和预测各种人力资本投资结果的方法。这一结果促成了《新人力资源分析》一书的出版，在该书中我介绍了预测人力资本投资的经济价值的第一个模型。从那以后，人力资源（HR）测量的早期接受者便开始将分析作为组织人力资本和人力资源职能管理变革的下一步了。

对该领域的考察结果需要一分为二地看待。一方面，当下和未来较长一段时间内会缺乏合格的技术和分析专家，因为商业、技术和社交网络发展步伐越来越快，这一点很容易被预见到。另一方面，现在会议中的一系列相关出版物和演讲的质量相较于两年前，已经提高了很多。我为每个秋季的世界大型企业联合会（The Conference Board）实施的项目正吸引着企业和政府的关注。越来越多的人和组织加入到“高级测量和预测性分析”的项目中。在他们的推动下，我期待着分析性会议和产品的浪潮进入市场。

分析和新型工作模型

过去几年，人们对劳动力规划、胜任素质和变革管理产生了浓厚的兴趣。分析在这个舞台上扮演着重要的角色。随着后工业时代的到来，人力规划越来越受到重视，差距分析过程已经不适应新的工作模式了。固化工作的概念正在渐渐消亡，毕竟，有着固定流程的工作一点也不像21世纪应有的技术性和专业性工作。持续不断的市场变化带来频繁的组织变革，这使创建一个趋于消失的工作的能力词典成为只有笨蛋才会做的傻事。新的知识和旧的流程形成了一种功能失衡的混合体。如果我们不改变组织来更好地使用它们，那么再好的分析结果也是不起作用的。此外，推广这种新应用的能力和变革管理能力对分析团队来说是必不可少的技能。本书提供了推广分析和组织变革的实用模型。

科技赋予了我们社交工具和信息渠道，与此同时，不断改变的社会规范引发了我们对更强连通性的需求。这些因素正协调一致地重塑组织的权力结构。我最近在一次首席信息官会议上发言的时候，听众们欣然承认由于社交工具的使用，他们在组织中不再控制信息流，取而代之的是，他们现在成为了风险管理者。在数据大规模流动的环境下，分析的方法论是一个重要工具。

价值评估

一些乐于思考的人考虑如何在组织的数据库中加上价格标签，如同传统的劳动力规划，这是19世纪的想法。就像员工被视为成本，数据也是这样。在某种程度上这种观点是正确的。获取、配置、开发和维护人力资本带来了巨大的成本消耗，数据的积累也是这样。对于这两者，我们不会去评估信息中的无效字节或者公司中低效员工的数量，除非我们正面临破产，并希望卖掉其中一个或全部。

从运营的立场出发，我们想要为了组织利益而分析员工的活动以及他们对资源的利用情况。简言之，我们并不是直接对员工本身的价值进行测量，我们要测量的是他们工作的效率、效能和最终成果。我们需要了解工作的成本、花费时长、从一项投入中可以获得多少产出、产出的质量如何以及员工的感受。分析这些可以帮助我们解剖流程，对比各种投资的产出。第三章展示了具体的操作示例。

描述性分析告诉我们到目前为止都发生了什么。这里包含了会计工作及其计算的一切事务。尽管我们没有分析也能看到发展趋势，但是我们不一定能够把这种预测的趋势保持到不稳定的未来。预测性分析的应用通过考虑过去的数据并了解市场需求的变化，为未来可能出现的结果提供了线索。规范性分析提出了优化未来的最好建议，管理者在这一行为步骤的基础上，作出投资决策。

本书结构：如何做

随着人们对分析的热情增加，许多人会问“我从哪里开始”“可以使用什么工具”等问题，本书会回答这些问题。从何处开始取决于你身在何处、想去何处、通往未来的道路的困难程度以及你希望如何到达那里。很常见的问题是，对所有作用力和影响因素进行的初次查看和评估要么被彻底忽视、要么没有引起人们足够的注意、要么仅仅是重复过去的结果。在这些问题的影响下，未来能得到的最好的结果也不过是次优化级别的成果，最差的结果则会是令人尴尬的、代价高昂的失败，甚至还会带来不应该有的失业现象。

这就是为什么本书第一章会以一个关于目标的问题展开。分析是一个一次性的任务，还是一个能够保障组织机构长久稳定的开端？开始一个项目所采取的步骤和你希望建立分析职能甚至分析文化的步骤是一样的，这是一个更简单的问题。紧随其后的第二章介绍了有用的模型、结构等相关的问题。60 多年前，社会心理学家库尔特·列文宣称没有什么会比一个好的理论更实用。理论和后续的模型指导了计划和实施。第三章讨论了开始一个项目并维持它可能需要的支持与技术。你很可能会在项目过程中的一些地方需要支持。书中的每个案例都给出了基本原理和所需相关人员、行为的意见。第四章描述了建立分析项目的一个典型案例。当人们首次谈及分析时，他们会立刻询问需要测量什么。但是分析应该先从逻辑性问题开始，然后才是测量数据。然而前面提到的说服技巧和变革管理经常被忽视。第五章着手处理数据的本质，包括来源、所有权和质量问题，也就是对分析有利的因素。你将会明白如何处理数据在哪、谁拥有数据、数据是否真实可靠，以及它以何种形式展现等问题。第六章使用回归、相关性分析和结构方程模型帮助读者深入了解分析。本书以第七章作结，预测分析的未来。结语部分警告读者小心所谓的专家预言者。

附录包括了对于测量效率、效能和最终成果的案例，这些案例均来自人才报告标准指标定义中心（*the Center for Talent Reporting's Standard Metrics Definitions*）。

目 录

Chapter
1

PREDICTIVE ANALYTICS FOR HUMAN RESOURCES

PREDICTIVE ANALYTICS FOR HUMAN RESOURCES

PREDICTIVE ANALYTICS FOR HUMAN RESOURCES

PREDICTIVE ANALYTICS FOR HUMAN RESOURCES

第一章

PREDICTIVE ANALYTICS FOR HUMAN RESOURCES

价值在哪里

PREDICTIVE ANALYTICS FOR HUMAN RESOURCES

PREDICTIVE ANALYTICS FOR HUMAN RESOURCES

PREDICTIVE ANALYTICS FOR HUMAN RESOURCES

PREDICTIVE ANALYTICS FOR HUMAN RESOURCES

PREDICTIVE ANALYTICS FOR HUMAN RESOURCES

我们唯一的保障是具备变革的能力。

——约翰·莉莉

1984 年，在一则著名的电视广告中，82 岁的女演员克拉拉·佩利看着一个巨大的汉堡夹着仅有的一块小小的肉，用她尖细的声音咕哝着招牌性的一句话：“牛肉在哪里？”如今，除了统计学家以外的人也会问类似的问题。在大数据时代和快速发展的信息技术时代，许多人会感到不知所措。当计算天才流利地说出分析的强大作用时，外行人只能干瞪眼。没有统计分析学位，尤其是没有预测数据分析方面学位的普通人都会感到自己的无知、无助、盲然和迷失。然而矛盾的是，分析本身就应该是具有逻辑并且易于理解的。它仅仅是用来让电脑应用它们的计算能力去揭示有价值洞见的一个方法。这本书会一步步地指导你，帮助你将数据转化成可被理解并且可行的结果，然后向你展示未来的人力资源分析，最终，你会发现隐藏在大量数据和表象中的“牛肉”。

一些基本知识

解决问题的方法至少有两种。最常用的一种方法是简单地“直接攻击”，然后期待最好的结果。这就像处理一只令人讨厌的蚊子。你发觉它在你的胳膊上，然后你用力拍死它。这是一种简单高效的处理方法，唯一明显的后果可能就是会在你的胳膊上留有一些血迹。但是如果有不止一只蚊子，你就得一遍又一遍地重复之前的行为。更重要的是，蚊子通常会携带病菌，像西尼罗河病毒和疟疾，每年有 60 多万人死于疟疾。如果你去一个蚊子猖獗的地方，你会想事先怎样预防，而不会想等它们落在你身上后，再打死他们。这就带给了我们解决问题的第二种方法：分析和预防。如果蚊子是令你讨厌的东西，那么你可以用杀虫剂来保护自己，并把自己裹得严严实实，对吧？

同样的道理也能应用到组织管理上。如果你的方法只是连续“拍打”出现的问题，那么你就是在浪费时间处理同样的问题，很难取得进步。还有另一个可选方案能够避免将本就有限的资源投入到高代价且多余的投资上，那就是在行动之前花一些时间对问题进行分析。如果你搜集了已经发生的事情的数据（描述性分析），并分析了它们为什么会发生，如果不处理会产生什么后果（预测性分析），然后设计出解决这个问题的方法，那很可能你会避免同一问题的再次发生（规范性分析）。这就是高效的管理方式，这也会使你将精力更加集中在提升效率上——做一些有助

于组织发展的事情。用这个方法，你将有时间去关注和创建更好的未来，而不是无休止地重复过去。

分析是什么

组织管理中最实用、潜力最大的工具就是预测性分析。分析是艺术与科学的盛会。艺术教会我们如何看待世界，而科学教会我们如何做事。当谈及“分析”的时候，人们会立刻想到数据，这是不正确的。虽然数据扮演着关键的角色，但数据只有在我们理解问题的因素之间交互作用、彼此关联后才能发挥作用。分析首先是一个心理的框架，一个逻辑的过程，然后才是一系列数据的操作。

人力资源或人力资本分析最初是一个信息沟通交流的工具。它从分散的资源中收集、汇总数据，如调查、记录和运算等，进而描绘出可理解的、能用于实践的当下情况或可能的未来图像，这是制定更好决策的一种循证方法。“循证方法”这个流行术语仅仅是对首要的客观事实和次要的相关联的主观性数据进行汇总。分析可以分为以下三个层次。

1. **描述性分析**。传统的人力资源指标大部分是效率指标（如流动率、招聘周期、招聘成本、培训数量等）。最主要的关注点是成本的减少和流程的改善。描述性人力资本分析揭露并描述了相关关系以及现今和历史数据的模式。这是你开展分析工作的基础。比如，它包括数字仪表盘和平衡计分卡、劳动力市场细分情况、周期性的报告等。

2. **预测性分析**。预测性分析包括一系列技术（如数理统计、模型构建、数据挖掘等），这些技术基于现今和历史的真实信息对未来作出预测。这与可能性和潜在影响有关。比如，组织若想要招聘、培训或提拔合适的人，可以通过使用模型来提高成功的可能性。

3. **规范性分析**。规范性分析超越了预测性分析，并强调决策选择和劳动力优化。它被用来分析复杂的数据，从而预测结果，提供决策选择，并展示可能带来的商业影响。比如，规范性分析包括使用模型来理解可选择的学习投资如何影响利润这样的内容（在人力资源工作中较少见）。

这个流程从最简单的人力资源方法汇报开始，一直持续到商业中实际的规范性模型塑造。尽管财务资本（现金）和经济资本（无形资产）是商业的血液，却是人力资本（人）将现金或无形资产运用到企业经营过程中。当你从描述性分析发展到规范性分析时，价值也在呈指数级增长。

最基本的管理问题是：我们如何更有效地管理人才？人的行为与有形资产相比，要更为复杂，并且更难预测。这种易变性和反复无常性使许多管理者更侧重于关注稳定的资产。然而像设备这种有形资产是一种惰性资产，本质上并不能增加价值。只有当人和工具一同工作时，价值才会增长。在 21 世纪的市场，人们不能仅仅依赖祖先们的方法论。托马斯·爱迪生借鉴了乔舒亚·雷诺爵士的一段话，让问题变得很直接：

没有任何权宜之计可以让人逃避真正的劳动——思考。

两种价值形式

分析的目的在于，从大量的数据中找出最佳路径来发掘隐藏价值。价值有两种形式：财务价值和经济价值。这两种形式最初有明显的区别，然而它们最终还是实现了合并。经济价值包括注重实效的、非金钱形式的并且能够影响物质资源的重要项目或流程，如市场信誉、客户满意度、最佳雇主品牌和社会关系。这些通常被视为资产负债表之外的资产。股东投资公司的股票、客户购买产品或服务、高绩效员工求职以及有利的社会支持，这其中每一个最终都会变成财务价值。财务价值包括现金和其他流动性的资源，如股票和债券。这些在收益表和资产负债表中都会被记录，是会计报表的构成模块。

分析的能力

我们可以以两种形式进行数据观察：结构性和非结构性。结构性数据和财务性数据相似，非结构性数据的典型代表是经济性数据或无形数据。从图 1.1 可以看到，分析和数据相互交叉。自 200 年前的工业革命以来，我们一直在关注结构性数据：成本、流程用时和数量。然而，美国 IBM 公司提出，现在产生的数据至少有 80% 是非结构性的，是难以计数的图片、文档和音频。随着社会网络继续爆炸式的增长，非结构性数据的比例必然会增加。事实上，结构性数据和非结构性数据最终会融合在一起。简言之，就是会成为现在所谓的“混合数据”。虽然混合数据在未来的分析中至关重要，但是它会使分析过程变得更加复杂。

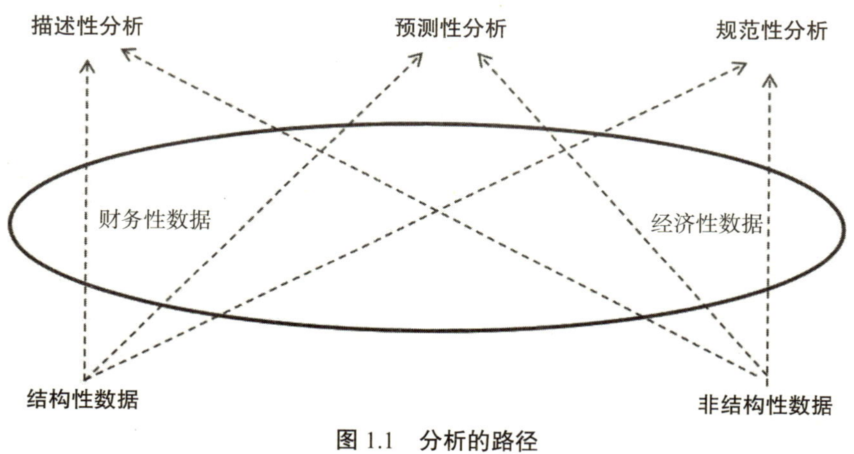

图 1.1　分析的路径

这恰好说明了分析之所以重要的原因。在处理客观事实与主观认知复杂混合的情况时，除了通过逻辑探究和数据处理的方式去理解之外，就没有其他办法了。

请允许我再次强调这一点，作为分析起源的描述性数据能告诉我们到目前为止发生了些什么。但是，预测性分析和规范性分析更关注于可能会发生什么，或者最好能够发生什么，以及如何使它发生。这三个层次都十分必要。整个20世纪，我们使用描述性数据，然后通过预期的发展趋势从主观上把结论推给未来。当市场稳定的时候，这种方法在某种程度上是可以接受的。然而，当今和未来的市场都是不稳定的。所以，预测性分析对于任何一个想要在新时期保持或增加市场份额和利润的公司来说都十分关键。非营利组织甚至更需要预测性分析，因为他们的“业务”内容大部分是主观的数据，如人道主义的使命和支持者的满意度。

在人力资源或人力资本领域，财务、产品或者市场领域的改变是持续不断的。劳动力的有效性和成本、技能的发展、领导力、敬业度以及人才留用问题随着商业需求和市场的动态改变在不停地演变。随着市场的动态发展、竞争者的行动、新科技以及客户的频繁变化，前一年的选拔方案可能会在一夜之间失效。在21世纪的第一个十年，互联网泡沫的破灭以及清偿性危机将劳动模式全盘打破。之前的技能要求会随着科技的进步、新客户的需求和政策的调整而遭到淘汰。随着经济水平的提升，关键任务所需技能的获取和保留已经成为了一个大问题。人力资本管理的动态性需要我们应用数据分析来重新配置人员方案，并且预测我们下一步的最佳行动。如果我们还想对市场竞争情况持观望态度而不立刻采取行动，那么我们就会失去竞争优势和市场份额。我们的座右铭是：

经营好明天从今天开始。

分析性的价值链

经济和财务的价值是从一系列相互联系的活动中获得的。事实上，这些活动就像交流电，它们在战略方案和操作执行之间来回流动，其原理可以参考图 1.2 所展示的内容。战略链条管理始于高层管理者对商业战略计划的制订，这一计划的制订基于一个基本的问题："我们怎么挣到钱？"问题的解决方案通常在所有营利性企业中都能适用，然而在操作上每个企业却都有其特殊性。对于非营利性企业的问题是：我们如何服务于我们的支持者？那些随着时代发展一直保持繁荣发展的企业在投资前就对市场进行了评估，包括对客户、竞争对手、技术、政策、经济及劳动力市场和那些共同揭示挑战与机会的宏观作用力的评估。

管理也关注企业的内部能力，包括企业的愿景、领导力、品牌、文化、财务优势和招聘能力。通过这种双向的评估，企业制订了生产、销售和服务公司产品的计划。这些计划将带来预期的或可验证的客户反馈。价值链的下一步是运营，在这一步中生产线经理计划、设计并且管理那些可能会服务或支持客户反馈的生产系统。反过来，运营也依赖于人的才能。

如今，价值链已由计划端转变到执行端。没有人的有效执行，计划就无法落实。这通常被人们称为杠杆作用。基于这一点，人力资本分析被视为管理劳动力资源，从而使绩效最大化并留住人才的最佳途径。人力资源职能有责任支持经营管理者在招聘、任职、薪酬、开发、敬业和维持强大团队等方面的工作。人力资源管理部门通过人员系统的设计来促进其运营，而劳动力是驱动运营、创造出让客户感兴趣的产品的积极因素。只有劳动力发挥出有效作用，客户才会反过来增加其在本公司的投入，最终使公司实现经济价值和财务价值。

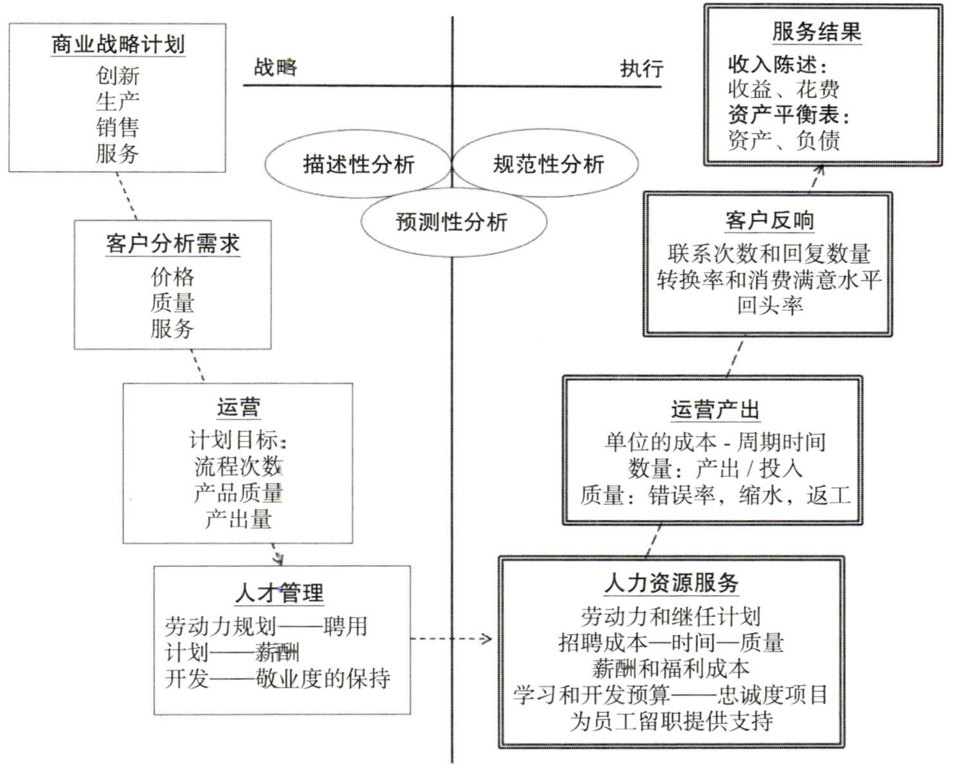

图 1.2　你的公司如何赚钱　© J. Fitz-enz，2012

如果管理在中间阶段跳入价值链，而没有考虑之前存在的天然联系，那么一家企业只能实现自身的局部最优化。通常，投资者只想着最初的目标——最快升值，然后以较好的利润卖掉，而忽视了这些联系。这已经变成了常态，我们特意为此创造了一个词：炒卖（flipping）。尽管炒卖者经常能实现他们短期的财务目标，但是他们却留下了那些固有问题没有得到完全解决的脆弱企业。这些企业由于缺乏成熟、完整的战略、管理团队或运营系统，最初的财务业绩通常不会持久。简单的出售资产和解雇员工无法弥补潜在的不足。投资者可能已经将分析运用到了少数可以快速修补的问题上，但之后就不再作进一步的分析了。结果，虽然表面上的瑕疵被除掉了，但核心的缺陷依旧隐藏其中。这就像给运动员服用止痛药让他们重返赛场，却忽视了他们受伤的膝盖、韧带一样。队伍可能赢了当下的比赛，却失去了能够保持连胜的运动员。

从根本上说，分析是一种可以被用来发现机会、解决当下问题并且预测投资回报的管理工具。和任何一种工具一样，它也会被错误地使用，但这并不意味着它就是一个不好的工具。在我最近一次和财富排行榜 100 强的一家公司的人力资源主管对话中，他反复重申过去的错误却不愿谈及如何利用分析来提高绩效管理系统。如果一个人不想解决问题，那么没有什么工具是可靠的。我们经常会观察到有些管理者确实不想作出改变，问题不在于流程或者工具，而在于流程或工具背后的那个人。正如波戈・博萨姆所说的：“我们已经见过我们的敌人，他就是我们自己。”

分析的模型

我们需要有一个分析的大纲框架，而不仅是简单地执行数据分析。这就像你已经启动了一辆汽车，但脑海里却没有旅行计划，那么，最终你到达一个能令自己满意的目的地的机会是非常渺茫的。分析问题的第一步是提出问题，这在图 1.2 中已经提到了。现在我们转向图 1.3，挖掘得更深一点，并考虑一个具体的分析流程。要合乎逻辑地从你现在的位置到你的目的地，提出一些问题很重要，即明确真正的问题、了解周围的必要条件，然后推进它。可以这么说，好的问题能够明确你所处的领域，并避免那些由于失效的经验、不相关的事物和个人偏见所产生的想法。从积极的方面看，它围绕着一个基本点和一个清晰的目标将团队逐步整合起来。有的时候，解决办法是从问题发展而来的，并不需要运用统计。

我们喜欢拿柏拉图在《理想国》中描述的苏格拉底和拉西马库斯的辩论作为启发式提问的例子。他们从讨论正义的本质和定义正义之人开始。拉西马库斯先陈述正义只是对强者有利的东西，并且只有权力才能定义正义。苏格拉底并没有直接进行反驳，而是先提出了一系列有逻辑的、相关的问题。随着拉西马库斯回答一个又一个问题，他最后同意了苏格拉底的观点，认为正义是那些把臣民的利益放在心中、而不是以自我为中心的统治者们所制定的。我也见过这种提问技巧发挥作用，第一时间把那些不重要的问题推到一边，让小组清楚地明白自己所面临的挑战或机遇，并得出合理的解决办法。

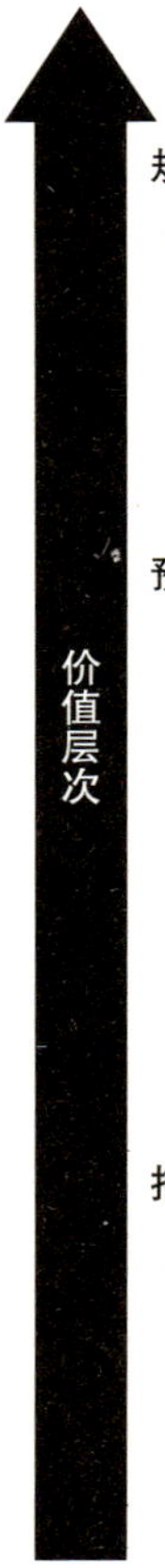

规范性分析

第五层：评估
应用数据或其他方法论确保预测性模型的准确性和实用性。
特征：记录了可获取的经济和财务价值。*
好处：展示了营收和利润的改变，提高所有的股东的价值。**

第四层：建模
设计预测性方案将人员、政策、过程和绩效连接起来。
特征：对关联性的预期模式进行描述，从而发现相关关系和因果关系。
好处：为了理解复杂的相互作用和相互依赖的假设是可以得到验证的。

预测性分析

第三层：关联
寻找影响组织的外部和内部作用力。
特征：展示了人力、结构化和关系数据相互作用的影响。
好处：提供了简单的纯净提升机会的关键点。

第二层：展示
通过分类展示数据，以寻找明显的联系和趋势（非预测性的）。
特征：数字仪表盘和报告展示了成本、时间和数量的可能效率。
好处：预测性分析和规范性分析的基础。

描述性分析

第一层：组织
把数据收集到数据库中，并确保其准确性。
特征：关于事务的静态数据可以直接申请使用。
好处：解决分析的基本问题：数据的可用性。

* 财务价值：金钱或政府、商业组织的流动资源。
经济价值：影响物质资源的实用性非现金实体，如市场信誉。
** 包括股票持有者、顾客、员工和社会团队。

图 1.3 数据分析层次 © J. Fitz-enz，2012

1. 组织

作为最常被考虑到的一部分，分析的第二部分是运用统计程序的预测建模。图 1.3 显示了这个路线的五个步骤。第一步是搜集和整理人力资本数据，这通常是主要问题。大多数公司的数据库原则上是为了会计设计的，接着是为研发、生产和营销 / 市场 / 广告宣传的职能开发应用程序。人力资源部最初主要利用员工记录来开展工作。第一个人力资源信息系统大约在 1970 年上市。随着时间的推移，申请者追踪系统和薪酬福利项目相继出现，最终培训和发展应用也出现了。但是这些独立的项目很少被结合起来，大多数只是可计算的成本等数据记录，几乎没有任何预测性的功能。这就是如今安装一个新的程序会耗费大量时间和金钱的原因。

我们和一个在财富榜排名前 20 位的客户交流过，他们公司正困扰于如何设计一个程序来提供具有可操作性的管理数据，他们面临的问题正是没有为了分析而设计过数据库。公司已经花了两年的时间，努力和一个可能提供这种数据的产品供应商合作。目前这家公司依然需要把精力重新投入到内部客户的数据搜集上，针对有局限性的 1.0 版本的产品重新协商。

2. 展示

收集完所有数据之后，许多公司开发出了数字仪表盘来规范内部客户的各种数据。仪表盘能够报告业绩等级，并将其编码为红色、黄色和绿色。这是对描述性数据的延伸。它展现出目前的状态和未来的趋势。仪表盘就像会计一样，是报告过去事件的基础，它的推断是模糊的、未经验证的，除非克服了这个问题，否则它就无法谈及未来。由于仪表盘没有包含潜在情况和对未来的假定，因此无法开展对趋势的预测。仪表盘的主要价值在于，敏锐的、有创造力的使用者可以看到对希望得到改善之处进行不断尝试的可能性。

3. 关联

在关联层面，关注点开始向外转移，从被追踪的数据转移到这些数据和其他数据或现象的关系。如今最常见的实践是与其他企业对标自己的数据。但有关对标必须注意的是，要确保你对标的公司确实与你的公司很相似。这不是简单的事情，除非你和他们有直接的接触，并可以比较每一项定义。古老的“鸡和蛋”的问题，用在这里很合适。如果一家公司在员工发展方面表现出非常好的成果，那么这个成果是源于高质量的招聘，还是公司的发展，抑或是高超的财务投资呢？回答这个问题的唯一方法就是直接与对标的公司对话。横向比较很多企业的调查数据可能并没有意义，也许还会导致错误的假设。

数据分析的另一个因素是意识到组织中有三种形式的资本：人力资本、结构化资本和关系资本。很明显，人力资本就是公司员工。结构化资本包括组织拥有的事物，如厂房、设备、软件、专利和版权。关系资本是公司内部人员的关系及公司员工与外部人员之间的关系。这些外部

人员可以是当地社区的管理者或政府人员，如图 1.4 所示。事实上，资本范围内某一种分类的内容变化经常会影响其他分类中的内容。正是由于这些联系，在宏观和微观层面提出问题才会如此重要。

驱动力	组织的资本反应		
外部因素	**人力资本** ⟷	**结构化资本** ⟷	**关系资本**
放缓的经济发展	减少劳动力	变卖实体资产	留住顾客
技术型员工的缺乏	需要的新技能	转换管理风格	发现新的申请者资源
信息技术的发展	增加培训	投资新设备	重建合资关系
顾客的抱怨	聚焦服务	改造商店	改善留职率
新竞争者的产品	告知员工	加速研发	提高进入市场的速度
	调整福利政策	环保节能	与管理部门有效沟通
内部因素			
新的企业愿景	向员工解释	建立新的引导标识	开展宣传
领导力差距	加速员工开发	扩大控制范围	实施评估
文化	开始岗位转换	重新设计工作空间	促进服务文化
品牌	帮助员工定义	提升服务水平	构建与供应商的新关系
财务	冻结工资	控制成本	减少旅行

图 1.4　资本的相互关系

4. 建模

此时，你已经从描述的层面转移到了预测的层面。描述级别的数据揭示了已经发生了什么。但由于我们需要管理明天，现在我们必须为我们期待的改变建立模型。让我们假设这里有一个共识，即你需要发展，并希望越快越好。也许你已经投资了一个与某个评估供应商合作的正式的领导力测评项目。这给了你一个关于潜在领导者当下能力的清晰评价。现在问题来了：这些潜在领导者能领导什么？你肯定不希望犯很多商家都犯过的错误，即不研究未来市场的需求。彼得·德鲁克曾经简洁地问道：“这是基于什么目的的领导力？”这个问题是建立未来领导力模型的基点。这是一个展示了人力资本、结构化资本和关系资本交汇的案例。一旦你已经定义了一个可能的领导力模型，你就准备好了通过分析来检验它。图 1.2 中所展示的你的最初问题应该已经帮你定义了未来领导力的模型。

5. 评估

预测给了你期待的未来模型或结果。那么获得它的最好方法是什么呢？你需要一个规范性分析的“处方”。预测性分析和规范性分析的互相作用，就像医生的诊断和处方一样。医生告诉你，如果你用了这个药，或者遵从一定的养生方法，你将会痊愈。这是她的预测。当你阅读处方时，她会告诉你为了保证这个预测有效，有哪些必需的条件。你要知道药是什么，以及什么情况下应该使用它。在企业中，你开发的模型也许会把人、政策、产品和实现绩效提升的过程连接起来。模型预测了特定的模式或关系，它们交互在一起，达到期望的结果。当你完成实验时，可以监测或测量变化的数量或程度。另外，模型带给了你维持或持续提升结果的新流程。本书第五章展示了几个分析过程，可供读者运用和评估。

典型应用

分析中一个最典型的应用是关于员工流动或人才流失的研究。因为在分析上，这是一个简单的应用，而且需要的大部分信息已经存在于人力资源数据库中了。员工记录包括招聘日期、绩效回顾、所有的职位变化（晋升、加薪或各项工作的开展）和离职信息等各类未经加工的原始数据。企业可以借用这些数据分析出员工留任或离职的原因。然而，迄今为止，几乎没有将员工流动或留任的变化与经营结果联系在一起的尝试。

开始一个分析的常见方法是寻找某个工作群体中的模型。你可能对一个技术型的、专业度高的群体感兴趣，或者对任期较长的人感兴趣，又或者当市场急需装配工、仓库搬运工或卡车司机的时候，你甚至会对这些操作员感兴趣。总之，数据可以按照以下任何一项进行分类：

- 原因；
- 任期；
- 职位；
- 管理者。

绩效、申请人来源与员工流动相关联的例子将在本书第三章进行展示。利・伯兰罕由于对员工留任问题的研究而取得了事业上的成功。如他自己所言，他揭示了 67 个员工离职的原因。其中有一些原因确实是个人决策，这是无法避免的，如员工重返校园或家庭搬迁。但是从整体来看，伯兰罕将其他的 57 个离职原因归类为可避免的原因。他指出，当人的四个基本需求中的一项没有被满足时，员工就会选择离职，这四个基本需求分别为信任、期待、价值感和胜任感。伯兰罕继续进行他的分析，直到他揭示了七个可以识别的、互相独立的原因，参见图 1.5。

1. 工作内容或工作场所与期待不符
2. 员工与工作不匹配
3. 几乎没有指导或反馈
4. 几乎没有发展和晋升的机会
5. 感觉不到被重视或认可
6. 来自过度工作以及工作生活平衡方面的压力
7. 失去对高层领导者的信任或信心

图 1.5　员工离职的阻碍性原因

假定你已经实施了有效的离职面谈，那么你可以通过选择一个或多个工作小组，从考虑员工所谓的离职原因开始你的分析。接下来，你可以运用统计分析来揭示离职原因和任期的关系或者离职原因和职位的关系。让我们假定你的分析说明了任期和职位有关联。就像我们已经发现的一样，你也许会发现，在一些案例中，一个经理可能在一个岗位上工作时间过长。这可能和较低的敬业度或其他的运营问题有关，如质量、产量或部门内服务水平的下降。你开始意识到，一个组织内的某一现象会与很多因素相关，可能是员工流失、业绩、销售额、客户稳定性，甚

至是市场份额。组织是高度复杂的。开始真正认识到什么正在发生（描述性分析）、为什么它正在发生及它可能走向什么方向（预测性分析）以及应该如何处理它（规范性分析）的唯一方式就是使用客观分析代替有偏差的、落伍的猜测。

培训价值测量模型

分析的目标是揭示人才变化如何影响经营结果。在这个探寻过程中，往往培训被排在各种影响因素的前列，因为越来越多的培训投资带来的回报已经得到证实。通过逻辑推理，可以假设基于能力的培训能够产生可量化的结果。然而，在实践中并非总是如此。培训成果是由培训材料、培训者以及受训者对此次培训过程的价值感知共同发挥作用的结果。

图 1.6 是尼克·邦迪斯正在研究的一个例子。运用统计分析，邦迪斯得出结论：受训者对培训材料在实际工作中适用性的感觉，对该次培训的应用价值产生的影响最为强烈。你可以通过下面的模型更好地理解这个结论，即从有价值的投资（由受训者判断）如何到个人学习，再到可感知的、对未来工作的影响。

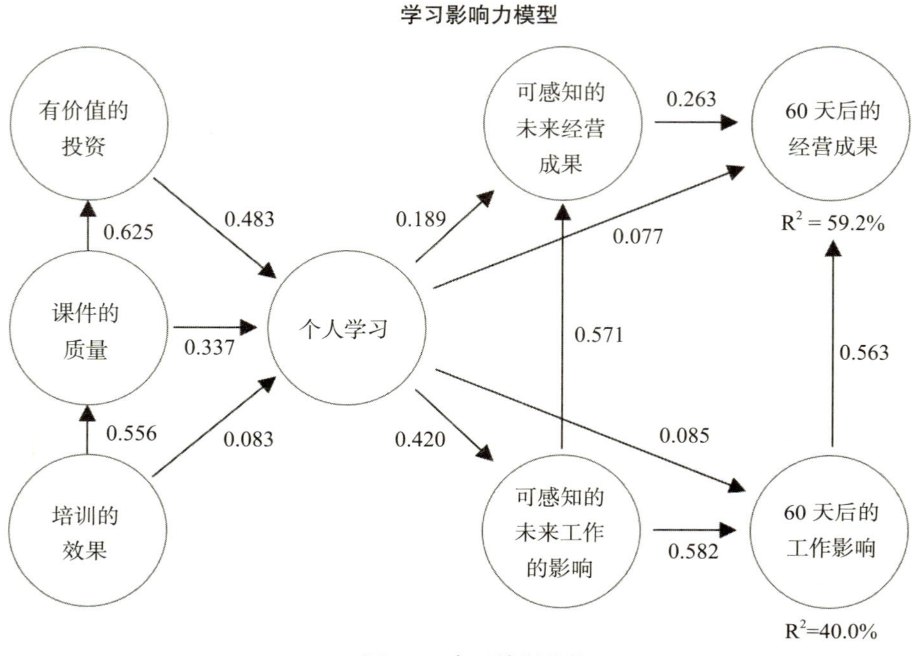

图 1.6　发现培训价值

资料来源：Dr.Nick Bontis，Institute for Intellectual Capital Research，nick@bontis.com，www.NickBontis.com. Used with permission..

数据内部

我们希望在关于数据的两个基本点中结束本章，即标准定义和无形资产的重要性。

1. 标准

在本书第五章中，我们将会深入探讨数据标准，在这里我们先初步讨论一下。出于必要，会计已经开发了经济数据的标准定义。如果没有标准定义，准备和报告内外部经济变化是不可能的。几十年来，财务会计标准委员会（FASB）已经得到商业领域内所有人的认可。接下来，随着全球化的兴起，国际会计标准委员会（IASC）和财务会计标准委员会合作建立了国际财务报告准则（IFRS）。现在只有一个市场，就是世界市场。它们的最终目标是所有国家使用统一的会计和报告系统。这会极大地提升国际会计以及投资者的信心。

相比之下，人力资源到目前为止还没有标准的定义集，虽然从1985 年到 2000 年，萨拉托加研究所每年都会公布来自大约 500 家公司的 50 多个测量标准。在 2011 年，KnowledgeAdvisors 公司启动了一个项目来开发这些标准，最终促成了人才报告中心（CTR，www.centerfortalentreporting.org）的建立。截至今日，还没有哪个专业协会，如人力资源管理社区（Society for Human Resources Management）正式地认可这些标准。尽管如此，人才报告中心的规则还是很快成为了事实上的标准。

2. 无形资产

因为美国的产业已经从制造业转向了服务业，所以无形的指标脱颖而出。此时，无形数据比有形数据更加重要，在企业资产负债表中它们以 5 比 1 的比例出现。巴鲁克·列弗在他 2001 年的《无形资产》一书中提供了对无形资产的定义：

无形的资产是对未来利益的认领，这些利益往往没有物质的或金融的（就像股票或债券）外在物质表现。

当我们在纽约大学的列弗办公室见到他时，他对类似智力资产和知识资产的术语越来越多地出现在管理类学术文章中表示同意。学术出版物中有关人力资源和人力资本方面的典型无形资产有：

- 领导力；
- 意愿；
- 敬业度；
- 文化；
- 承诺；
- 忠诚；
- 雇主品牌。

从 20 世纪 80 年代中期开始，人力资源部门就已经开始上报类似招聘、培训这些职能服务的成本。同时，他们也统计上报被招聘和被培训的人数、工资变动、记录保存量、预算支出和其他内部过程。现在他们

更需要做的是关注无形资产的部分。高层管理者在业务不景气时，除了裁减员工之外，无法根据人力资源管理的过程记录做出其他经营决定。招聘、薪酬、培训的数字只是成本损耗的记录，并没有体现增值部分。领导能力、关键岗位意愿度、敬业度、文化的变化是有价值的先行指标。当他们开始统计上报流动率的发展方向、敬业度分数，或意愿水平的数量和变化时，重要的不是数量，而是对这些现象的预测性。在本书第六章我们探索分析方法时，你会看到这些是如何实现的。

Chapter 2

第二章

开始

> 除非处理好存在的意义、如何变得伟大和企业的命运这些长远目标，不然我们对明天早上做什么都无法作出明智的决策——更别提为公司制定战略了。
>
> ——彼得·凯斯特鲍姆

每家公司的创立都由三个基本元素组成：（1）愿景，（2）品牌，（3）文化（三者简称 VBC）。如果不对这三者作出清晰界定并达成共识，制订战略计划和决策就无从谈起，更别提应用分析了。如果你不知道公司的愿景、品牌与文化，最直接的有关分析的问题就是：你为了什么目的而分析呢？

彼得·凯斯特鲍姆是一名哲学家、教育学家和高管培训师，他非常深入地探讨了组织的本质。推行愿景、品牌和文化是实现凯斯特鲍姆提出的长远目标的可行办法。然而，不少公司只是简单地解决问题，却不清楚他们的愿景、品牌和文化到底是什么。这些公司一般占有极小的市场份额，且利润平平。这就是汤姆·皮特斯曾说的“行尸走肉”，这些公司终将被收购或退出市场。

如果你想要分析并改进人力资本的任何问题，那么你会因具有清晰的公司愿景、品牌和文化而受益匪浅。如果你不能看出愿景、品牌及文化对公司的影响，想想内曼·马库斯、梅西百货、沃尔玛和好事多这四个著名零售商的例子吧，思考一下他们的不同之处。

进入市场的模型

如果你结合五个基本战略来研究这四个零售商的市场定位，那么你将会看出他们的不同之处。想想他们是如何通过价格、质量、服务、运营和创新进入市场的。如图 2.1 所示，通过竞争分析，这将一目了然，你可以看看每个变量下的三个等级。

即使你不认同内曼·马库斯对这五个变量都自我定位在最高级，你也一定同意梅西百货将其定位在第二等级。这些不同定位并不是凭空出现的，而是由它们各自的愿景、品牌和文化所推动的。

愿景、品牌和文化为市场定位制定了战略，进而要求一些必需的领导力特性和技能。显然，领导内曼·马库斯和领导沃尔玛是不同的。尽管最终目标都是提升运营效果和服务客户，但是为了取得成功，领导类型必须反映不同零售商所吸引的不同客户类型和员工类型。这对开发领导力系统的人来说至关重要。无视愿景、品牌、文化和进入市场的策略，而直接套用现成的模板，坦白说是在浪费时间和金钱。

当你试图将领导力模式和组织的战略目标联系起来时，就是分析发挥作用的时候。如图 2.1 所示，领导力特点和技能来源于公司进入市场的模式。因果模型围绕收益增长、市场份额、盈利能力和税息折旧及摊销前利润，将适合的领导技能和目标联系起来。这张图会告诉你，根据其具体而独特的财务目标，公司需要发展和支持怎样不同的领导力特点和技能。

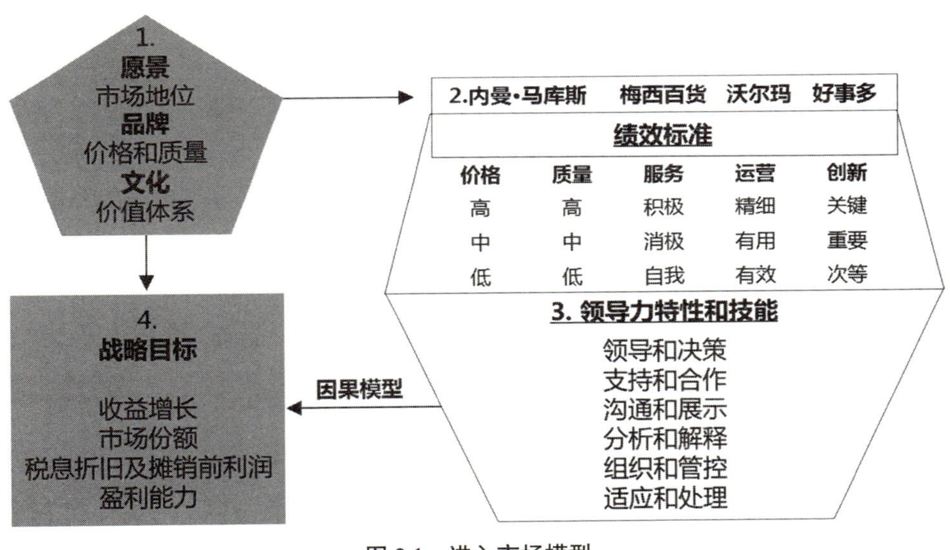

图 2.1　进入市场模型

评估

组织经常有偿邀请评估供应商来分析理想的领导因素。有些评估者止步于这一环节，他们指出了问题，但没有提供具体的解决方案。

这只是问题的一小部分。更重要的是，公司必须通过不同方式来提升理想的领导要素。图 2.2 是在领导技能需求固定且已知的情况下，不同发展模式如何应用的示例。

发展经验

在你的发展工具系列中，已经有许多帮助人们学习和成长的模型。发展工具可以用来解决评估后暴露的个人技能和知识的差距问题。图 2.2 的左侧列出不同的发展经验，右侧是领导力特性。斜体代表技能有不足。

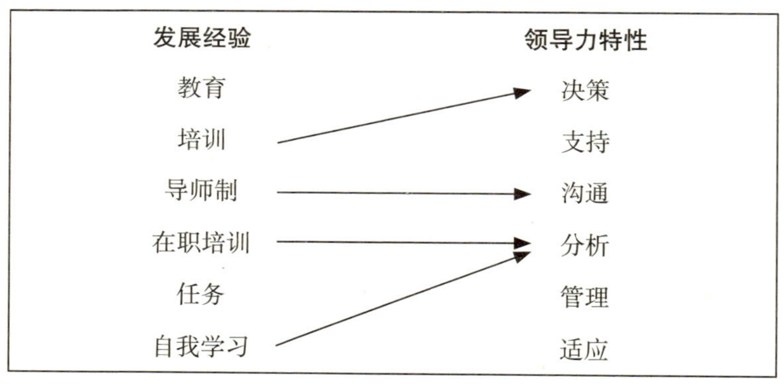

图 2.2　领导力发展

如果决策方面有不足，你可能会提供模型或课程供人学习，沟通不足可通过指导的方式解决，分析能力和创造力可以通过有针对性的在职培训和一些可以自我学习的特殊任务来取得进步。总之，重点是将发展资源和评估缺陷相匹配。“以不变应万变”的领导模式只是在浪费时间和资源。

最新研究成果显示，培训项目经常是在无视员工各自需求的情况下，组织直接安排给员工的。然而，正如第一章中尼克·邦迪斯模型的分析工作所显示的，与高效培训相关性最大的影响因素是受训者的求知欲。如果缺乏求知欲，培训几乎就是一种浪费，因为培训通常需要员工离岗去听课，这会导致产量下降。

财务关联

图 2.3 展示的是人力资本管理机构的杰夫·希金斯所开发的“人力资本收益表”（HCI$）。这是领导力广泛货币化的一个例子，该表将人才管理的影响力与劳动生产率方面的财务指标联系了起来。通过《首席财务官》（CFO）杂志的发行和展示，“人力资本收益表”获得了金融界的极大支持。我们挑选了其中的一部分，来展示领导力和收益、利润、人力资本、生产力和劳动力总成本（TCOW）的关系。这个表系统展现了领导力项目是如何给业务结果带来正面影响的。

劳动生产力的影响

收益	上年度	本年度
净运营收益（当前年均）	1 400 000 000美元	1 540 000 000美元
总人数（全职员工）	15 000	16 400
每个全职员工的收益	93 333美元	93 902美元
成本		
总开支	1 170 000 000美元	1 285 000 000美元
运营总成本	725 000 000美元	795 000 000美元
劳动力总成本（TCOW）	779 950 000美元	861 000 000美元
劳动力总成本占收益的百分比	55.7%	55.9%
劳动力总成本占支出的百分比	66.7%	67.0%
劳动力总成本占运营成本的百分比	107.6%	108.3%
利润		
税息折旧及摊销前利润	310 000 000美元	340 000 000美元
营业净利润	143 750 000美元	159 375 000美元
每个全职员工的收益	9 583美元	9 718美元
生产力和人力资本的投资回报率		
市场价值总额	2 156 250 000美元	2 390 625 000美元
每个全职员工的平均市场价值	143 750美元	145 770美元
人力资本的投资回报率	1.29	1.30
投资人力资本的回报	18.4%	18.5%
滞后劳动生产力的影响	4 219 281美元	8 169 200美元
预期的（市场）劳动生产力价值	30 350 719美元	33 125 000美元
总劳动生产力影响	34 570 000美元	41 294 200美元

劳动力总成本

薪酬和福利成本	上年度	本年度
-劳动力工资总成本	530 000 000美元	587 000 000美元
-奖励和激励总成本	65 000 000美元	68 000 000美元
-福利总成本	120 000 000美元	135 000 000美元
-临时工成本	13 000 000美元	14 000 000美元
-其他薪酬总成本	3 000 000美元	3 000 000美元
薪酬和福利总成本：	**731 000 000美元**	**807 000 000美元**
人力资源成本		
-培训和开发总成本	27 800 000美元	31 250 000美元
-招聘和入职总成本	7 000 000美元	9 000 000美元
-员工关系与风险缓释总成本	5 000 000美元	5 100 000美元
-人力资源事务和管理成本	7 150 000美元	7 650 000美元
-管理成本*	2 000 000美元	2 100 000美元
-福利计划总成本*	2 000 000美元	2 200 000美元
-薪酬总成本*	1 500 000美元	1 600 000美元
-内部流动成本*	650 000美元	700 000美元
-基础人力资源总成本*	1 000 000美元	1 050 000美元
人力资源总成本：	**47 950 000美元**	**53 000 000美元**

人才管理的影响

招聘与聘用	上年度	本年度
雇佣指数质量（调整周期）	68%	70%
启动招聘平均时间的变化	-5	-5
总空缺职位（关键的收益产生）	200	250
内部总招聘	500	675
每个职位每天的平均损失或产出	-1 000美元	-1 200美元
平均每个内外部聘用成本差额	2 500美元	4 500美元
空缺职位的损失或产出变化	1 000 000美元	1 500 000美元
内外部聘用成本差额	1 250 000美元	3 037 500美元
总招聘和聘用影响	**2 295 000美元**	**4 660 720美元**
流动性		
职业道路化	0.35	0.36
内外部聘用的薪酬差额	1 000美元	1 000美元
内外部聘用薪酬成本影响	500 000美元	675 000美元
总流动影响：	**510 000美元**	**665 182美元**
领导力和管理		
人才管理指数	55%	63%
管理的后备实力	53%	54%
管理的总人数	1 250	1 300
管理控制范围	12.0	12.6
成本控制范围的影响	3 000 000美元	10 066 665美元
总领导力和管理影响：	**3 244 500美元**	**11 837 808美元**
培训		
培训有效性指数	55.0%	53%
培训提高生产力总人数	3 000	5 000
每个员工平均的培训绩效差额	1 500美元	2 000美元
培训绩效差额影响	4 500 000美元	10 000 000美元
培训影响：	**4 950 000美元**	**9 684 477美元**
绩效和敬业度		
员工敬业度指标或分数	47.0%	51.7%
员工敬业度收益相关影响	0.5%	0.5%
高绩效者生产力的差额	10.0%	10.0%
期末的高绩效人数	1 500	1 650
员工敬业度生产力的影响	1 500 000美元	7 720 975美元
高绩效者生产力的影响	14 000 000美元	15 443 249美元
绩效和敬业度影响：	15 500 000美元	23 164 225美元
人才流失和保留		
适用的替换员工的总数	300	390
合同终止总数量	700	800
替换员工的平均差额	-2 000美元	-7 259美元
人才流失平均成本	-3 000美元	-9 959美元
替换员工影响的薪酬成本	-600 000美元	-2 870 010美元
人才流失产生的费用	-2 100 000美元	-7 966 990美元
人才流失和保留的影响：	-2 700 000美元	-10 837 000美元
人才管理的总影响：	23 799 500美元	39 175 412美元

图 2.3 人力资本收益表（HCI$）

资料来源：Used with permission. 杰夫·希金斯，人力资本分析管理机构首席执行官。

客户对于“人力资本收益表”的第一反应通常是：“我们可能永远不会收集这些数据”。第二反应可能是：“就算我们有了这些数据，我们也不知道怎么用它们”。这让我想起了一个故事：一位老婆婆因为背疼去看医生，在作了全面系统的检查之后，她被告知患有腰间盘突出。有两种治疗办法，其中之一是动手术，但她断然拒绝：“不。”“好吧，”医生说，“你也可以选择第二种治疗方法——硬膜外注射。”她再次拒绝：“不。”医生靠在椅背上，叹了口气问道：“那么，你来这里干嘛？”当人们不接受解决方法的时候，他们为什么又来寻求解决方法呢？

在刚刚提到的那个示例中，分析团队中一定会有人质疑我们提到的第一反应，并指出事实上他们的人力资源服务已经产生了其中大多数的原始数据，他们只是没有这样组织数据。事实上，即使有些数据在一开始就缺失了，这个模型对发展项目实现盈利也是大有益处的。我们可以通过培训来解决第二反应。这并不是什么难事，只需要基于会计逻辑即可，这种前沿的模型只需要专注于对人力资本的货币化就能做到。如果你在之前的阶段已经做得很好，那么你也许就能略过这个环节去挖掘因果关系，而找到因果关系才是我们的最终目标。

样例

和我们开展合作的一个大型零售商正尝试进行一次彻底的变革。其高层管理人员认为，消费者的需求正在不断变化，为了满足消费者不断变化的需求，变革是必须的，这次变革是对公司根本性的改变。管理层对于哪些方面需要改变以及公司发展的新方向都作出了决策。现在，变革正在进行，其中包括为员工提供沟通的机会。如果公司想让员工参与并成为变革的一部分，而不是变革的阻碍，这样的机会就非常重要。一家大公司的变革可能需要三年甚至更久的时间，而预测分析可以大大提高变革计划的效率，因为它指出了最有效的变革方式。

专注于目的

你的组织可能并没有计划开展一场系统级的变革。举个例子，你想解决第一章提到的人才流失问题。问题是：目的是什么？很明显，降低人才流失率是好事，但绝对不仅如此。我们先看看伯兰罕提出的引起员工流失的七条原因。假设我们至少能回答七条原因中的以下几条。

- 总流失率是多少？
- 什么样的人才在离开？
- 他们在职业生涯的什么阶段离开？
- 他们为什么离开？

一旦我们对上述问题有了答案，我们还需要知道什么呢？当然，我们想明确人才流失的影响。我们还需要知道怎样做才能改善人才流失，以及为什么要这么做。这不仅是为了降低人才流失率。简言之，知道这些的商业价值是什么？分析的意义正在于此：生成知识，增加价值。知道一些百分比或比例的变动并不能增加价值。减少 2% 的人才流失率或者增加 4% 的员工敬业度，这些比例本身并没有任何意义，除非我们应用它们去改善运营，最终减少成本或者增加收益。

最初的提问是极为重要的，我们希望第一章已经将它说清楚了。如果你不能确定你想要解决的问题的性质，那么你能创造价值的概率也会非常小。我们建议你将大量时间花在项目开始的阶段，避免困惑、偏见、无知、顽固及其他类似的特质，并找出切实可行的联系。你的付出将得到满意的回报。

很多时候，重要的组织问题都是复杂的，且涉及到方方面面。隐藏在表面下的暗潮涌动远比人们能看见的要多。它可以指出潜藏的联系，这就是为什么分析很重要的原因。员工、流程、资源、客户需求、新的法律法规，甚至天气和地理都会是一部分原因。当问题很简单时，通常部门的主管或经理就能解决。只有当问题有多重原因时，分析才会起作用，也更显其价值。再次重申：在启动解决方案之前，先花些时间提问：影响你们公司的内部和外部的主要作用力是什么？答案如图 2.4 所示。

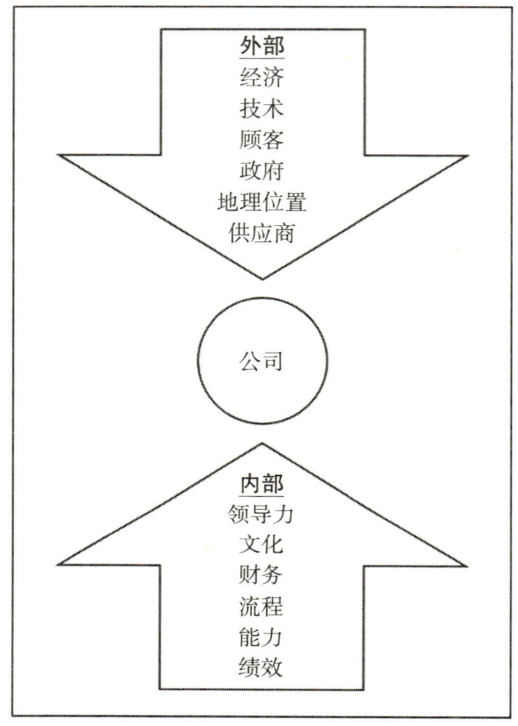

图 2.4 作用力分析

当今需求

如今，你的组织在分析道路上走到了哪个阶段？这条道路沿着几个台阶不断向前，这些台阶对于大部分人而言是从简单和熟悉逐步过渡为复杂和陌生的。第一章我们介绍过分析的流程，由易到难、从轶事传闻状态到最优化状态，再到智慧。

- 轶事传闻和回忆录。
- 数字仪表盘和平衡计分卡。
- 比较和对标。
- 巧合和相关性。
- 能体现因果关系的数据。
- 预测分析。
- 最优化状态。

在开始前，你需要思考：

- 如今，你的组织在分析道路上处于哪个阶段？
- 更重要的是，你想到达哪个阶段？
- 你能承受多快的变革频率？
- 你手中有可以开始或继续变革的资源吗？
- 如果没有，怎样才能获得这些资源呢？

现在看上去这些问题也许会令人气馁怯步，但是一旦开始，你将会有很多在这条道路上一路同行的伙伴。根据企业生产力研究所（i4cp）2012 年的调查，81% 被询问到的公司表示分析将是未来五年内的重点项目。如果你想尝试这个变革，这本书将会帮助你，并为你提供指引。

如今人力资本分析的使用方式

分析有几种用途，从简单收集事实到高效应对市场变动，不一而足。达文波特、哈里斯和夏皮罗三人列出了如今人力资本分析的如下六种用途。

1. 选择并监督影响组织健康的关键指标。

2. 指出哪些业务单元或个人需要注意。

3. 确定哪一举措对利润的影响最大。

4. 预测劳动力水平。

5. 获悉人们选择留下或离开组织的原因。

6. 改进劳动力以应对商业环境的变化。

基本要求是管理层通过使用这个工具和分析能够更快速地解决新的复杂的商业问题。竞争越来越激烈，快速反应是组织在竞争中获胜的必需条件。人力资本分析能满足更优投资决策的需求。

将数据转为信息

从业者表示，他们的最大挑战在于如何收集分析所必需的数据。紧随其后的挑战是如何将人力资本数据转化为可操作的信息，并最终沉淀为智慧。这些挑战出现的主要原因是大约 75% 的人力资源部都没有真正实用的、与运营相关的基本衡量指标。由于他们没有收集数据、界定标准和及时监督进展的传统与习惯，所以这对分析来说是个巨大的障碍。然而，我们也有解决方案，那就是边做边学。从第四章到第六章，你会学到关于指标和数据应用的知识。在此之前，我们将展示如何建造可以嵌入数据的基础结构。那么，让我们开始吧。

三条价值道路

分析可用于完成以下三个价值目标中的任意一个。

1. **解决问题**。选择容易实现的目标，并用于改进运营，快速命中目标是很有用的，原因有以下三点：

a. 某种程度上你在增加价值；

b. 你在建立可信度；

c. 这是让你取得更大价值的第一步，如指出形成高绩效培训课程的变量因素。

2. **建立分析团队**。你或最高管理者，也许会决定让组织从分析中长期受益。你可以研究如何实现受益，并从这本书中学习如何组建一支预测性分析的小团队。你可以通过与经验丰富的人交谈，或是读这本书学习有用的技巧和特点，以便配置员工履行分析职能。

3. **发展分析文化**。变革组织的决策文化绝非易事。坦率地说，以你现在的状况，这也许是不可能的。那么，你就需要得到会使用分析的高管级团队（C-level team）人员的鼎力支持，还要坚持让下属也遵循同样的原则。我们建议，在最初的时候，你可以聚焦于前两条产生价值的道路，先不要挑战这一项。最后，在得到需要的支持和能证明你工作价值的证据后，你也许就可以转移重心，开始发展分析文化。

解决问题

第一种，也是最常见的一种选择是只解决给定的问题。这类解决方案通常来源于上级要求或命令解决某个困扰他的问题。正如我们提到的，最常见的问题是人才流失。紧随其后的是人力资源规划。最近，我们（在一次会议上）调查了听众中有多少人因人才流失问题而应用预测性分析，结果 20% 的人举起了手。接下来我们又问有多少人为其他问题而应用预测分析，结果只有几个人举手，而且他们中的绝大部分人表示他们从事与规划相关的工作。这种集中性是因为与绩效管理系统这类复杂问题相比，人才流失和规划问题更容易入手。

必要步骤

无论你选择哪条能产生价值的道路，哪怕是最简单的那条，在项目开始前寻求支持都是至关重要的。完成任何一件事情都需要花费时间和资源，你当然不希望把时间和资源浪费在不会得到支持的事情上。你的直接上司也许同意在分析上投入资源。然而，因为缺乏组织权力或专业知识，他也许并不能成为你最好的支持者。你需要向部门以外的高管寻求强有力的支持。如果后期出现了问题或反对意见，你需要掌权者支持你。当你向高层管理者汇报遇到反对和怀疑意见时，你找到的支持者就会非常有用。当你得到高管团队中的某个人的支持时，这就不再仅仅是一个人力资源的项目了，这会成为由你负责的一个解决组织问题的项目。这一点我们会在第三章详细阐述。

首要问题

你想问自己或团队的第一个问题可能是：在我们现在的能力范围内，能作为攻克目标的最重要的组织性问题或机会是什么？有时，分析人员寻求解决的问题仅仅是他们自己感兴趣的，但其他人对这个问题可能根本不在乎。我们都有自己喜欢的话题，比起其他话题，它们更能激发我们的兴趣，或更让我们烦恼。但是在管理层的眼中，这些话题可能并没有其他事情有趣或重要。

所以，如果你希望给对方留下深刻印象，或改进你们之间的关系，那么就要换位思考：什么事情能让他们产生兴趣，同时还能得到其他高层管理者的赞同与支持？你怎样才能学会回答这些问题？人们通过交谈或记录记下他们心中最重要的事情。你的目标任务或群体是谁？你听到或看到他们讨论什么了？他们很在乎成本、客户、收益增长、市场份额、流程效率或获得并留住特定类型的人才吗？你能否找出其背后的原因？问题不会凭空出现，一定是有原因的。你需要通过分析来找出这些原因。最后，你也许没有能力解决问题，但是通过分析，你可以找出并验证引起这些问题的根本原因。然后，通过规范性分析，你能展示出解决这些问题的途径。

代表性案例

有个例子说明了如何找出一个组织性问题的根本原因，这个问题和人才有关，却不是人力资源的问题。我们曾受邀去一个大型技术组织，帮助其寻找一直不能在预定时间和预算范围内提供主要产品的原因。通过采访和调查，我们很明显地发现负责招聘和开发的项目经理们是造成该困境的主要原因。我们假定高效的项目管理与项目成果的上市时间相关，尽管公司记录不完整，我们也能应用数据模型，找出与项目成功相关的三个关键变量。通过数据显示，管理者的领导力、正直、决断力这三个变量与高效的项目管理有关。该组织问题的出现并不是因为人力资源部门不能提供所需人才，而是因为一项历史上的组织政策，它强制规定了公司寻找人才的地点和方式。很明显，该政策并没有为开发上述三项关键技能提供帮助。一旦管理层掌握了类似的明确数据，就能解除人力资源从业者的束缚，让他们正常工作。

有时，你致力于解决一个问题，但是你的分析却会将你带到另一个方向。这是分析带来的重要有利增值，它能帮助组织发现隐藏的问题。这些问题如不加以解决，会长期困扰企业，不利于绩效改进。可见，分析不仅治标，而且治本。

为组建分析团队作准备

今天，企业高管层要投入大约65%的时间、首席人力资源官（CHRO）要投入35%的时间，用来推动分析团队的构建。这一陈述来自于简单的观察。尽管许多首席人力资源官主动投身于这一新的领域，但是在很多情况下，他们是被某位高层人员推进这一新领域的。虽然动力来自哪里无关紧要，但这对资源的配置确实是有影响的。

如果这个想法来自人力资源部门内部，首席人力资源官必须自己去寻找资源。如果是高层驱动的，那么一般就已经提供资源了。假设组织已经获得了预算来支持分析团队的建立，那么执行起来就会更加直接。

让我们先从简单的情况——管理层自己需要分析团队——开始。在这种情况下，你不必再去说服管理层，但是你需要把管理层的想法体现出来。最好的例子之一来自于一家重要的金融机构，但其管理层对人力资源职能报告感到不满。该机构的人力资源部门其实已经有了一个所谓的分析团队，大约有 15 个人。但在实际工作中，这个分析团队更多的是履行被动生成报告的职能，只是为了满足直线经理对数据的需求。此外，人力资源部门只注意了以下报告内容：

- 现有员工总数；
- 新进员工人数；
- 受训员工人数；
- 离职率；
- 薪酬与收益成本；
- 人力资源部门开支；
- 人力资源部门人员。

高级管理层感到不满是因为这些数据除了可以用来考虑缩减人力资源部门员工和预算以外，没有真正的可操作性。

我们的解决方案是从某一部门引入一位财务人员，委托他研究重要的有关人才运营的事务。一年内，这个团队由 15 人缩减到 10 人，而且每个人都接受了 SAS 软件的数据分析培训。在重组期间，那些被公认为才能不足以执行该项新任务的人员被分配到公司的其他岗位。

重组计划包括 10 步，如图 2.5 所示。

1. 明确人力资源管理的愿景和目标
2. 标准定义
3. 报告设计
4. 数据库建构
5. 确定技术工具 / 应用程序
6. 项目设计
7. 数据收集 / 组织
8. 分析和测试
9. 报告
10. 实施和监控

图 2.5　分析团队重组的步骤

重组分析团队的十个步骤

为了使输出结果对企业管理层更有用，人力资源部内部的分析团队重组包括以下 10 步。

1. 尽管管理层已提供了明确的指示，但新的分析主管仍要负责这个组织的各个细节问题。由于他之前扮演的角色是运营和财务人员，因此，与其说他的工作是从人力资源部的视角出发，不如说是从公司的视角出发。分析主管根据管理层的指令，形成新的分析团队的愿景，并设立短期和长期目标。

2. 分析主管认识到为了提高明确性和连续性，分析团队和公司需要遵循一套标准术语和指标。达到内外术语的基本一致一般需要好几个月的时间。

3. 很多年来，公司都在使用一套未经检测的常规报告模板。这些格式和内容的逻辑原理都需要更新。同样，这需要一些协商。因为不管格式和汇报时间表是否有用，大家都已经习惯使用它们。最后，一套可以测试的报告模板设计出来了，它很容易被读者所理解。

4. 一旦搞清了需要什么样的数据，分析团队就要建立人力资源数据库体系结构。很明显，因为涉及运营问题，分析团队必须从财务、市场和其他职能部门获取数据。开发灵活双赢的体系结构需要系统分析师和编码员都参与这项工作。

5. 运营和人才数据的未来管理依赖新型的技术工具和应用程序。为了获取分析工具，资金必须得到保证。这是运营预算的一部分，已经由主管制定好并得到了高层管理者的批准。

6. 在新的基础设施落实到位后，这个分析团队就可以开始全力运行了。对于什么时间形成什么样的定期报告，已经事先与高管人员达成了一致意见。记住，全新的信息会不断出现，这就需要更多的构思工作。除了常规报告以外，还要实施新的分析项目。

7. 至此，虽然分析团队仍在制定新的流程和产品，但它几乎已经处于完全运作状态了。随着不断尝试和改错，新的组织形式和数据收集方式会逐渐成型。

8. 第一份分析成果面世，并通过内部及外部用户体验进行分析和测试。

9. 此时，新的意料之外的问题出现了。部门经理已经习惯于简单地申请报告，并等待它被送过来。新的主管则希望改变分析团队的性质，将其从一个不断生产报告的“工厂”变为一个兼具运营职能的智力资源运作部门。让大家接受目前的改变需要花费很大力气，即使已经过了一年，一些顽固不化的经理仍不相信时代已经不同了。分析团队为部门经理提供连续性的分析和报告的培训，从而减少他们的依赖性。哪怕到了最后，仍有一些顽固不化的经理无法接受现状。

10. 两年后，分析团队进入全面运作阶段，现在正为高管人员提供可操作的运营数据。分析团队还在研究不同系统的实用性和效率，如人才开发策略、绩效管理和领导力开发。此外，它继续监控接踵而来的报告，以此来不断改善并获取新报告的格式和数据的价值。

结构和团队组建

分析团队的构建需要与组织的文化和结构相匹配。在组织内部将职能定位清楚是很重要的，准确的定位可以保证招聘、培训、开发和留住人才这些活动顺利进行。构建和定位一项职能有几种方式，可以是集权式的、分权式的，或其他符合组织愿景、品牌和文化的演变形式。

在你为结构担心之前，需要专注于人才和活动。如果没有找到合适的人才，结构就显得无关紧要。最重要的问题是找到不仅能处理数据，而且有兴趣和悟性来胜任分析工作的人才。对任务感到兴奋是很重要的。

你需要能够观察数据并发现其内在模式与规律的人才，但大部分人做不到这一点。

发展分析文化

如果你想要的是一个长期发展分析的规划，那么毫无疑问就应该发展分析文化。已建立的程序和文化习俗是根深蒂固的。我（笔者雅克）想起和鲍勃·高尔文在 1980 年的一次对话。他是摩托罗拉创始人的儿子，之后成为了摩托罗拉最大的股东，也是现任首席行政官和董事会会长。

高尔文是我认识的人中最绅士、也是最优秀的高管之一。尽管他位高权重且备受员工敬仰，但是他告诉我，改变企业文化是他遇到的最大挑战。他说，他用了将近六年的时间才让公司的文化从一言堂的家长制转变为集体参与式。我们必须明白的一点是，企业文化中存在根深蒂固的权力基础、不容置疑的系统与流程、禁忌和足以追溯到数十年前的惯例。改变文化是对变革真正的考验。

极少数组织能做到根据深思熟虑的客观目标和毫无偏见的事实作出决策。现在已经有许多关于阐述企业文化及其僵硬程度的书籍。如果您想挑战这一难题，请给我们来电，我们会拿出充足的时间将预测性分析引入您的企业文化。

Chapter
3

第三章

你需要什么

信息支持是能帮助其他人解决问题的忠告、指导、建议或有用信息的坚强后盾。

——蒂尔登副总裁

正如实施任何重大措施一样，为了成功，你需要获得组织高层的支持。别太天真，很明显，组织运营就是一场权力游戏。成功不仅基于你知道并能做到的事情，还取决于你与上级和同级的良好关系。从你的同级到直接上司，再到高管人员，只有你赢得了支持，才能做常规工作以外的事情。

良好的关系是建立在信任、共同利益、包容和共同目标之上的。你觉得高管们为什么会一起打高尔夫？这种交流和你的日常交流是不同的。我们不是教你阿谀奉承，恰恰相反，除了自大狂之外，没人会尊重并喜欢在无能、方向错误、只知唯命是从的人身上花时间。尽管常说“天佑顺应者，其必将接管天下”，但是在现实生活中，强大的人得到的东西一点也不少。在你能与他人建立有益的关系之前，你需要清晰地知道自己和自己的目标。

我们曾经与加州南部某中型医院的人力资源主管沟通过。在我们评估她的部门时，很清楚地发现她的部门人手远远不足。但当我们向她指出这一问题后，她却回答道："我知道，但我们不在乎。"很显然，她的自我定位较低，而且缺乏与其他主管高效合作的特质，更别说获得医院高管层的支持了。

那么，怎样才能说服你所在企业的高管层，让他们在人力资本分析上投资呢？

应对高管层人员

在你的组织中，高管层人员最在意什么？几年前，我们任用了一名首席执行官（CEO），在为世界大企业联合会组织的人力资本分析会议上，我让他作主讲人。他用这样一句话开头：

对我来说，最重要的就是收益增长。

他继续解释道，诚然，他需要考虑盈利能力、市场份额和其他财务指标，但是收益增长是他的主要目标。很可能一段时间后他最重视的事情与现在会有所不同，但重点是：现在，收益增长是他最在意的事情。结果两年后，其公司收益增长的程度是另外一家公司需要支付附加费用才能企及的。

大家都知道，如果你想获得某人的注意，先不说得到支持，你需要

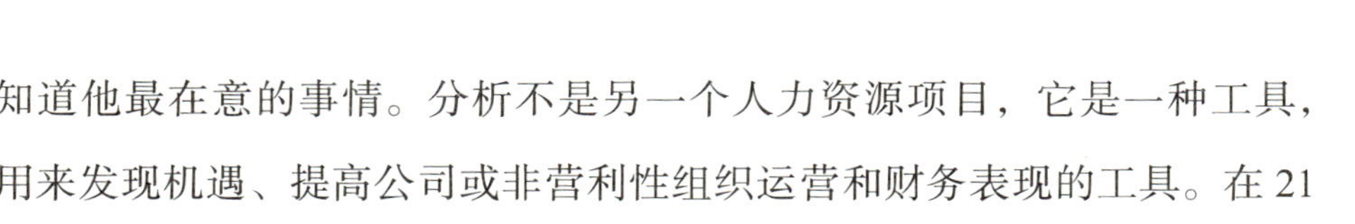

知道他最在意的事情。分析不是另一个人力资源项目，它是一种工具，用来发现机遇、提高公司或非营利性组织运营和财务表现的工具。在 21 世纪，面对竞争激烈的全球市场，管理者面临大量的难题和机遇。随着市场情况的变化，问题不断涌现。竞争者、消费者、技术、规则和众多变量都在争相赢得高管层的关注。如果你想进入高管层的视野并获得关注和支持，你就必须在不断变化的迷宫中找到正确的方向。

突破

任何值得做的事情，都值得做到最好，这条格言在这里也同样适用。获得高管层关注的道路不仅拥挤、变幻莫测，而且不好找。一般情况下，高管层不会表现出他们最重视的事情是什么。出于很多原因，他们最在意的事情经常被层层掩饰起来。有些高管认为，他们不能表现出他们真正的忧虑或恐惧，以免暴露其弱点。有时他们不知道当下重要的问题是什么，因为领导者也是人，在他们职业生涯的大部分时间里，他们也在不断学习和调整。董事会和财务分析师可能会各执己见，而领导者要尽力回应双方的意见。优秀的董事会会从长远的角度考虑，更关注基础因素，而财务分析师会更在乎短期股票变动。例子不胜枚举，但最后都归结于：综合考虑后，在你试图获得支持前，你需要提高你的洞察力，找出别人最在意的事情。当你想和他人建立联系时，这一点也同样适用。

研究

即使高管层将最在意的事表现得多么明显，在你请求支持前，作一些功课也是很有用的。看看高管层的信息、建议、指导、命令或要求，你看出他们把时间和精力都花在哪里了吗？在 2008 年金融危机发生时，联邦政府潜心研究解决方法，显然，处在较高位置的所有人员都期待着结果。最后，随着救助资金的启动，他们将注意力转向了成本控制、裁员和维系客户。就在我们写这本书时，管理层又转回去关注增长了。在这一连续不断的过程中，你的公司可能处于任意一种状态，这个状态就是关键所在。什么才是真正的首要大事？如果我们直接问你，你会怎么回答？

寻求支持者或拥护者

在第二章中我们提到，当你准备提案时，能找到一个支持你的人为你提供策划和指导是非常重要的。寻求支持的过程可以分为两个阶段：一是获得导师；二是寻求支持者。在你寻求支持者之前，你需要找到一个能为你提供指导的人。在整个过程中，一位能提供真知灼见的导师或教练是你最宝贵的财富之一。如果他能洞察组织的首要大事并了解组织运转，那么你的新想法，比如分析，就能够从这样的人的建议中受益。

就在昨天，我们和一位正试图在公司里推广分析学的人进行了讨论。他比首席执行官低两级，但他恰巧和首席执行官私交甚好。当和我们讨论他的策略时，他聪明地提到，他不能直接找首席执行官，因为有些高管不支持分析。他认为，首席执行官会支持新的分析项目，除非他能说服其他人，否则绝对会有人妨碍他的后续行动。

基于他对其他高管人员的了解，他必须找一个导师一起制定策略。幸运的是，他的一位女性朋友精通统计验证技术，并对高管文化有敏锐的直觉。她会是一位好导师，但并不是好的支持者，因为她缺乏足够的职位权力。不过，在随后的最终决策阶段，她可以帮忙提供意见。同时，他们两人会制订计划，在团队中寻求一位有足够权力的支持者。导师也能帮助选择支持者。

第二阶段是寻求支持者，他必须来自高管层，并拥有权力。他也会指导你准备报告，并提供公司主要人员的反馈信息，可能还会在你作报告时出席。如果他没有出席报告会，他至少会在报告会之后给决策者提供支持性数据。如果他的同级中有人反对你的提案，这位支持者的作用是十分巨大的。作为同级，他可以平等地与之对话，并在反驳时有同等的力量。决策者欢迎支持者，因为他们可以结成联盟，共同应对反对意见。

为什么有人会愿意成为支持者呢？支持你的想法可能出于几种原因。最简单的一个原因是对方欣赏你，并始终尊重你的工作。其次的可能性是他同意你项目的出发点。第三种原因是，其他高管变得脱离实际以及不再了解公司或市场的某些方面，而你的支持者认为你的想法能作为一种媒介来触动整个高管层。支持者会认为你的项目能够帮助他的某项议题。如此一来，你的想法只是帮助他达成目的的工具。当然，支持者心里也许还有别的原因。知道别人支持你的原因是好事，这样你们能够更好地合作并避免误解。我们曾与一位首席运营官合作过，他专门收集没有得到高层支持的想法，然后对这些想法进行完善调整，使其最终得到采纳，然后他就可以获得所有的功劳。所以，要当心你所得到的支持。在你交付想法之前，要先了解你的支持者。

说服

因为我（雅克）曾经从事过市场销售的工作，所以我习惯将大部分情况看作销售机会。这样的经历能够帮助我说服别人按我的方式进行思考，并且，如果足够幸运的话，让他们按照我的思路去做。通常我们不需要像说服最终决策者一样说服导师或支持者。虽然正常情况下，导师、教练或支持者会认为在你身上花时间倾听、讨论、争辩和为有益的目标提供指导是值得的，但是在关键时刻，说服别人这个责任还是会落到你的身上。

说服或影响包括两个层面：内在和外在。内在层面是指你的认知，外在层面是指你的表达能力和高效的交流沟通能力。整个过程开始于内在层面，包括以下几个方面。

- 对产品（概念）清晰完整的认知；
- 了解市场中的竞争因素；
- 了解你要说服的人的兴趣和特点；
- 能够表现出你的产品价值超过竞争者，甚至能超过其他不在场的竞争产品。

先不提说服，在你描述你的想法之前，你必须亲自体验过它。例如，你可以描述一辆自行车，但是除非你亲自骑过，否则你不能回答有购买意向的买家对自行车的各种问题。除非你亲身体验过，否则你肯定不能准确说出在不同情况、不同地面骑车的感觉。

假设你已经具备了上述内在条件，接下来的要求就是成为一个好的沟通者。具有高效说服力的沟通由许多重要能力组成，包括以下几种。

- 吸引注意力的能力；
- 引发兴趣的能力；
- 创造需求的能力；
- 成功说服的能力。

说服的案例

假设你坐在高管桌前，马上要向高管层提议投资一个预测性分析的项目，以找到加速公司领导力开发的最快、最划算的方式。这是一项巨额投资，你必须提出强有力的论点，因为这是你说服高管层的唯一机会，你需要找到一个能抓住对方注意力的闪光点。仔细想想，你要怎么开始呢？你能提出什么吸引别人注意力的观点呢？

我们推荐你用这样的句子开场："高效的领导力能推动生产力、运营收益、成本管理和盈利能力的提高。"没人不在乎这些，在这句话吸引了大家的注意力之后，你成功亮相。

第二句话应这样说："领导力开发项目的输出成果与财务成果有必然的联系。"在座的每一位都喜欢听你说这方面的问题。现在你获得了他们的注意。他们等着听你的想法，将领导力和赚钱联系起来。这就是关键时刻了，他们想知道你准备怎样来实现它。

这是引发兴趣的阶段，有怀疑者会同意你的前提，但不相信你能实现它。你不是第一个向他们要钱来投资开发项目的人。你要回答说，你已经在测试领导力模式的一个领域展开了试点试验，当然，这达到了你的预期效果，你可以引用提出了领导力基本问题的彼得·德鲁克的原话。他问："为什么要有领导力？"你继续描述你如何在企业中将领导力转化为收益。你的模型已经证明了这样的积极结果：

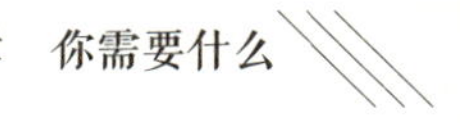

L=M+O+I

其中，

L= 领导力

M= 市场

O= 组织

I= 个人

（见第二章图 2.1）

现在，你至少成功地赢得了一些人的兴趣。你解释道，作为能产生收益的领导力类型，应该具备分析市场（M）各方势力，分析组织（O）文化，分析理想个人（I）行为的功能。在去年的试验中，你证明了通过预测性模型，可以将人力资源工作与公司财务联系起来。现在，你可以展示图表数据作为证明。

下一步，也就是倒数第二步，是创造需求。你可以这样做：指出公司的某些不足，它们启发你进行了试验。这些不足可以是较高的离职率、生产力损耗、缺乏创新或客户支持不足。你的图表数据要清晰地显示出改善这些不足后，可以获得的财务价值。

现在，只要再介绍一下他们看到的成果所需要付出的成本和用时，你的说服就成功了。

可以看出，说服并不神秘也不需天生的口才。这是个清晰、直接、极其简单的过程。最重要的步骤就是准备。

与顾问和教练合作

顾问和教练都很有用，因为你们可以一起高效合作。只要思想开明、态度积极，两个价值观和看法相反的人也能合作。不同的观点可以帮助彼此相互印证，你不会想找一个唯唯诺诺的人合作，也不想和一个会在你面临困境时抛下你的空谈家合作。

在挑选顾问或教练时，你必须足够尊重他，这样才能和他形成有益的争论。如果他了解相关内容，会大有助益。以下是四个能力等级，你应该想想怎样应用这些等级，以挑选能帮助你进行预测性分析的顾问或教练。

能力的四个等级以下。

1. **无意识的无能**。许多人不知道他们对已有的问题，比如分析，是多么无知。如今，分析艺术是如此日新月异，以至于连所谓的“专家”（这里指的专家通常是那些刚失业的人），知识水平都相当浅薄。这些人是典型的夸夸其谈的类型，他们用笑话逗你、带你去吃午餐、向你保证他们的组织可以支持你的项目，即使他们都不明白你的项目是什么。无意识的无能就像一个人能够在佛罗里达州开车，然后在 12 月的一天飞去克利夫兰市，租了辆车，结果在机场外面遇到第一个雪堆就滑了进去。

2. **有意识的无能**。在这一等级，顾问知道自己的无能，但试图无视它。他们就像某些销售人员，将对话控制在自己有限的知识范围内，靠能说会道躲开力所不及的领域，反复将你带回他们熟悉的事情上。根据你的需要，你必须专注于你的问题，坚持寻求有关知识和行为表现的直接答案和证据。

3. **有意识的胜任**。最后，你离找到有力指导的目标又近了一步。他们对你的主题有基本了解，通过经验或观察，他们找到了基本原理。他们可以胜任这项工作，但可能仍需要他们组织里其他人的帮助。你可能也必须承担一部分责任。在这个新的分析领域中，这是许多顾问的典型状态。他们读了书，获得了培训或经验，也对你的项目基本胜任。这样的能力是你可以接受的最低限度。

4. **无意识的胜任**。这是你希望找到的。真正的顾问拥有无意识的胜任能力，他们紧跟分析性预测这一艺术的潮流。他们可能还对这一问题发表了文章。他们还能通过培训，使你的员工在他们走后也能自给自足。无论遇到什么困难，他们都能快速地处理，不用纠结和挣扎。截至写本书时，在这一领域大概只有10%的顾问能够达到这一等级。

教练通常是组织内部的人，会对项目细节施以援手。他们并不为之工作或提供指导。他们的作用就像检验者或参谋者一样。教练最重要的资本是其基本的智慧、逻辑和洞察力。这些品质是很重要的，因为这些可以确保他拥有新颖的想法，并能在各种情况下实施自己的想法，不断检查重做直至方案奏效。想想彼得·德鲁克吧，他的成功源于其所接受的古典欧洲教育教会他去“思考”。美式教育不一定能教给人这些。攻读工商管理硕士学位的过程会教育学生如何使用不同的决策工具去解决问题。但是哲学、文学、心理学和艺术为把数据转化为洞察力提供了基础。一个人只有拥有了多年在不同情境下的经验，接受了可靠的教育，并能同时从多角度分析数据模式，才会变得富有洞察力。

设计并提交报告

在某些地区，人们似乎认为关于最近活动的报告就等于分析。但事实上，即使是一系列的周期报告也并不是分析。

之前，我们曾到访过一家大公司的人力资源部。该部门的人力资源信息系统（HRIS）经理向我展示了一桌子的涉及企业近期活动的表格和图标。他征求我们的意见，想知道这些都意味着什么。我们不得不告诉他，这意味着他花费了大量资源，却只得到了极少的价值。他拥有的只是有关过去的碎片化记载。一番折腾之后，我们才开始看出一些关联。我们确信，没有哪个部门经理会像我们一样花费这么多的时间和精力，去理解这些杂乱无章、堆叠成山的报告。之后，我们询问首席财务官人力资源部门的投资回报是多少。他说，公司每年付出将近 5 亿美元用于投资人力资源服务，但他并不知道其价值产出是多少。

1. 报告

现在的报告格式过多。你在每本书上都能看见它们。格式很重要，因为正如马歇尔·麦克卢汉所说，“媒介就是信息”。

他的意思是，信息会因为备忘录、电子邮件、声明或图表这些载体的不同而带着不同的情感含义。想一想：如果你给妈妈打电话，或给她写信，或给她发电子邮件，你觉得她的反应会一样吗？当设计报告时，要记住，你现在呈现信息的方式、时间和格式和报告内容一样重要，有时甚至比内容还要重要。

报告很重要，如果跨越多个时间段，它就能显示出变化趋势。一份份报告像大楼每个侧面的照片。单独来看，它不能揭示很多东西。如果你拿出几份报告，并用某种方式组织起来，你就可以看出其价值、关联和趋势。如果你指出在每份报告中看出了什么，并描述它们彼此之间如何关联，你就完成了一个微型分析。但也要小心，过去发生的事并不能保证将来也会发生。因为情况会不断变化，过去的趋势可能不会延续到将来。记住，缺乏见解和解释的数据几乎是没用的。

另一个对数据的误解是它们组成了商业智慧。你可以作出成百上千的报告，涉及人力资源服务和员工行为的方方面面。但是除非你将数据汇总起来，显示出过去（描述性）和可能的未来（预测性），否则你只是在给部门经理和高管运送文件，与不给他们任何数据相比，这些文件反而会带给他们更多的困惑和失望。你的报告应该展示出变化、趋势和关联。报告应该尽可能简单，并且能够解答一些商业问题。

2. 分析

分析可以这样定义：

- 为读者提出的具体问题提供答案；
- 为满足读者要求而建立的灵活流程；
- 包含能提供答案的所有必需步骤的有序流程；
- 提供者和读者的互动流程。

比尔·弗兰克斯提供了一个表格，来粗略区分报告和分析（如表 3-1 所示）。

表 3-1　报告与分析对比

报告……	分析……
提供数据	提供答案
提供被请求的	提供所需求的
通常是标准化的	通常是定制的
不包括读者	包括读者
非常不灵活	非常灵活

资料来源：Bill Franks, Taming the Big Data Tidal Wave（Hoboken, NJ: John Wiley & Sons, 2012）

再次记住，分析不仅是指发生了什么、什么时候发生的以及它对企业某方面产生了什么样的影响，这些仅是描述性分析。预测性分析揭示发生的原因和将来发生的可能。规范性分析告诉你应该怎么做，从而构建你想要的未来。

前面的内容，我们已经指出了研究问题的背景有多么重要。因为如果没有彻底理解问题，接下来的分析就有不切题的风险。最后一点是，商业智慧比统计显著性更重要。过去几千年中，我们的经营并没有依靠过数据分析的助力。尽管我们很高兴能拥有数据，但最终的目标还是业务增长。

制造影响

原先在西尔斯公司工作，后来又去了家得宝公司的分析主管卡尔·施莱尔针对扩大分析价值提出了一个虽然有点古怪但很实用的方法。表 3-2 中涉及了通过分析制造价值的一些要点。

获取最大分析值的秘方

表 3-2 “烹制”分析“大餐”

组成部分	用法说明
30% 数据	收集、梳理并联系不同的数据。使用你能负担得起的最新数据。与财务或执行部门一起分担工作职责，并建立初步合作伙伴关系。局外人会让你尽可能多地了解数据质量。出于公正的需要，你要经常和这些小组一起工作
5% 利益相关者	从高管人员那里收集关键性的假设，这是从你的研究问题中筛选出归纳模块的好办法。让谈话尽量简洁，以免它们影响你以开放思维处理数据的能力。要记得用一些消除神秘感和距离感的技巧给对方留下深刻印象。注意：过度的技巧会破坏原本很好的气氛

（续表）

组成部分	用法说明
15% 分析	一些人力资源专家需要擅长高等数学，或要能从你的客户、市场、或战略小组那里取得资源。（他们会特别愿意帮助掌握他们职业机会的人。）通过表面现象按你的需要尽量深入，但是要记住，T 测试和 P 值回归检验作为可口的调味品，在大部分情况下都是必需的
20% 讲故事	把研究数据缩减为最让人印象深刻的一页（幻灯片）。解释这些洞察性的数据代表了什么，以及如何把它们落实到执行层面。把财务方面的建议加入到讲述中，因为如果一个建议没有表述在财务结果上，就不值得领导者花费时间。这会帮助你在流程管理及你的人力资源领域创建兴趣点
20% 执行	把上述关键结论落在行动中这个环节会把顾问和商业伙伴分离开，这就是自制“调味品”与众不同的地方。克服遇到的阻碍可能会帮你找到分析中的捷径。此外，把人力资本分析和实施进行结合，使他们了解如何以可行的方式来塑造未来的计划
10% 植入	明确责任，植入有目的的报告，并转移执行所有权。庆祝短期目标的达成。设置特别的日期来监督成果。如果有必要的话，保持灵活性来改变、调整计划

流程管理

任何事都是流程的结果。起床、穿衣服、上班都是流程，都可以按其组成部分进行分类和分析。分析可以帮助人们理解流程之间的内在关系和相关性。在已确定的情况中，这些都是因果作用力。

如果你是分析师，那么你的工作可能只是分析流程或系统，并报告结果。但是，如果你是分析团队负责人，你就必须研究报告，向管理层提出建议，并参与改进流程。

流程分为三个阶段：输入、处理、输出。记住这一点，你就能深入流程，找出在输入和处理的哪个部分进行干预能改善输出结果。图 3.1 的例子综合了招聘流程、绩效评定和离职三个方面。

工作小组	来源						方法					结果			
姓名	N	M	S	E	J	W	I	G	T	A	O	P	C	R	T
阿尔		M					I		T			2	2	1	1
贝亚					J		I	G	T	A	O	2	2	2	2
西				E			I	G		A	O	3	2	3	2
迪迪	N						I		T	A	O	2	2	2	2
厄尔					J		I					*1*	*1*	*1*	*1*
弗兰克					J		I		T			2	1	1	1
吉娜						W	I	G		A	O	3	2	1	2
哈尔		M							T	A	O	2	3	3	2
埃莎克			S				I	G		A	O	3	3	2	2
乔恩				E			I	G	T	A	O	3	3	2	2
肯恩	*N*						I		T			1	2	2	*1*
利奥	*N*						I		T			1	1	1	*1*

N=报纸，M=专业杂志，S=网上搜索，E=引荐，J=职位信息办，W=直接进入，
I=个人面谈，G=群体面谈，T=测试，A=评估，O=入职培训，
P=绩效，C=工资增加，R=潜力评级表，3=高，1=低，
T=任期，1=离职，2=留用。

图 3.1　人员任用流程分析

在这个案例中，我们选择了一个工作小组，用于分析从不同来源进行招聘的效率和在输出阶段选择方式的应用。我们将其和绩效以及潜力评级数据联系起来，然后观察组中成员的留任率。

乍一看，我们就能够确定，如果其他项相同，通过报纸进行招聘带来的结果有好有坏。比如，表中迪迪的招聘信息来源是报纸，她的所有评级都很好，而且她没有离职。肯恩和利奥的招聘信息来源也是报纸，但他们

各方面都表现得较差，且已经离职。是什么造成了不同的结果呢？

迪迪通过了测试、评估和入职培训，而肯恩和利奥只经过了测试。也许评估和入职培训与绩效、潜在评定和离职有关。进一步的分析可以确定或找出其他影响因素。

厄尔的情况，反映了另外一个有趣的方面。看看他的档案吧。他的全部分数都非常低，但他还留任在公司里。为什么？你的公司里有多少这样的人？

你可以看出，即使用简单的目测来分析不同方式的影响，也能看出一些有价值的、具有可操作性的东西。显然，如果公司里的员工很多，你就必须应用数据测试才能得出相应的结论，因为数据太多了，无法单独理解。

这本书不是关于流程或变更管理的，因为这些话题在过去几十年中已经得到了过多的关注，其中，最有用的书之一就是《流程边缘》，它经受住了时间和市场变动的考验，从成本和价值这两方面对流程加以分析。《变革领域指导核心》也很好，它是一本关于变革管理的手册。

准备

第一章至第三章的目标是为理解数据分析提供基础。本书的主题是预测性分析，是从逻辑严密的、对形势和发生背景的检查开始的。一旦

你对研究的现象有了清晰的认识，你就可以应用数据分析了。

第四章是生动真实的案例，讲述简单报告中的数据是如何展开并转化为商业智慧和可操作信息的。第五章通过一系列的图表提供了数据分析的实用课程。第六章展示了数据分析的更多用途。第七章展望了人力资本分析的未来。

总之，你已经得到了关于预测性分析的完整指导。我们的目标是让你能胜任有用的角色，如分析师或分析团队负责人。

Chapter
4

第四章

数据问题

如果说信息是数据支流的交汇，那么分析就是一条了不起的江河！

想象一下，你是人才分析团队的领导者，人力资源副总裁（VP）将向你咨询名叫“留任和成长”的人力资源行动的效果。在这个行动开始的前不久，为了获得一家小公司的创新流程、专利和高级技术人员，你们的技术公司把它收购了。这个项目是之前一个失败项目的延伸，那个失败的项目致力于减少年轻人才的流失，这些年轻员工在公司工作几年并积累了经验后，为了得到更赚钱的以及生活和工作更平衡的工作机会而选择了跳槽。

你的公司正面临人才危机，人力资源副总裁想要获得解决方案。她想知道你如何帮她分辨高低绩效者、发现能力差距、提升员工技能、提高员工敬业度并减少员工离职。她的上司，也就是公司的领导者，认为改进这些方面可以提高产品质量、客户参与度、产品销量，并能够改善财务状况。

在会面前的一个星期，你花了几个小时收集你所能得到的信息，它们涵盖了行动的各个方面。你的组织在人力资源技术上投资众多，所以你能得到大量的不同类型的数据。于是你开始利用这些数据组织报告，希望为副总裁描绘出一幅非常有意义的画面。在花费数小时梳理数据和报告后，你得到了一系列有用的指标（详见下文“效率测度”小节）。这些测度和活动与成本有关，你骄傲地发现，你的人力资源管理团队以最小的成本开展了很多活动。综合来说，这些测度能反映你团队的高效率。

效率测度

- 业务单元里空缺岗位的数量；
- 月度补充职位的数量；
- 填补空缺岗位所用的平均天数（招聘周期）；
- 空缺岗位的平均工资；
- 招聘成本。

一旦你选择了以上这些测度，你就能很简单地组织思路，理解上个季度项目的输入与输出。你可以制作简洁的 PPT 报告，罗列出重点和能解释数据的图表。

当你最终和副总裁见面时，你认真地展示你收集到的信息。你是这样说的：

公司在招聘、行政能力测试、入职培训（包括课堂培训、在线学习和辅导）方面投入了巨大的资金。员工招聘能够在合理的时间内完成（接近于基准水平），新员工也能成功地完成培训。

至于空缺岗位和每个月得到填补的岗位，各个季度的数量都很稳定。图 4.1 展示了每个月的指标。当把这些数字转化成百分比时，我们可以看出，在第一个月里，公司为 75%~84% 的岗位提供了人员。

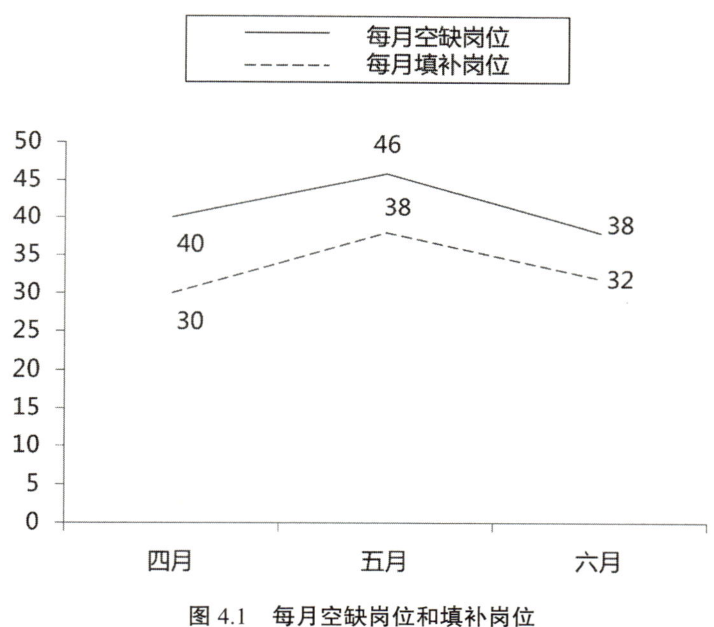

图 4.1　每月空缺岗位和填补岗位

第二组指标显示了我们填补空缺岗位的平均时间（即招聘周期）和外部基准。图 4.2 显示了招聘周期的用时对标。平均算下来，我们填补空缺岗位的速度比内部对标基准快了 25%，比外部对标基准快了 44%。

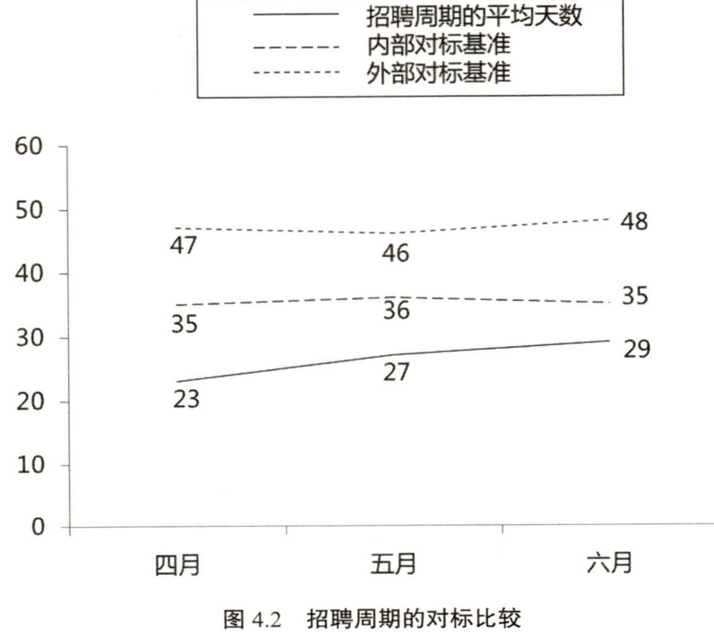

图 4.2 招聘周期的对标比较

第三组测度将外部对标基准和工资成本、招聘总成本进行了比较。图 4.3 显示了每个月的指标：我们的工资成本比行业基准少 23%，招聘总成本比该基准少 15%。

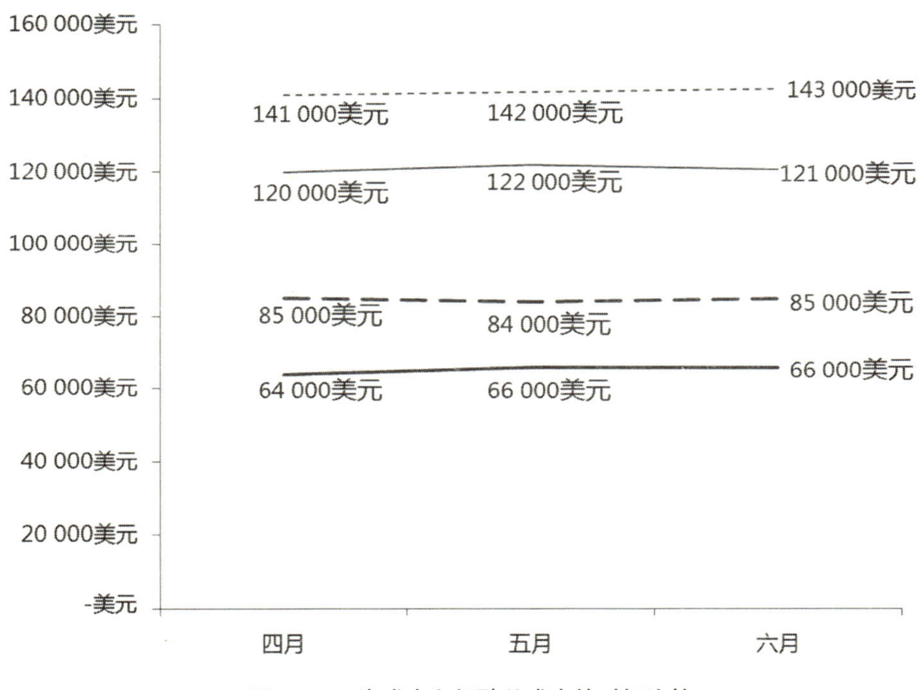

图 4.3 工资成本和招聘总成本的对标比较

这些结果让副总裁受益颇多，她感谢你付出的时间和精力。她说："你为我们提供了有关人力资源管理活动的有用信息，但我觉得还有需要报告的东西。"正当你琢磨这句话时，她说："你漏掉了一些东西。"然后她站起来，开始在白板上写写画画。她问："你能和我一起进行头脑风暴吗？"

"当然"，你同意了。副总裁在白板上画了一个箭头和几个长方形，就像图 4.4 的模型一样。她把这叫作逻辑模型。

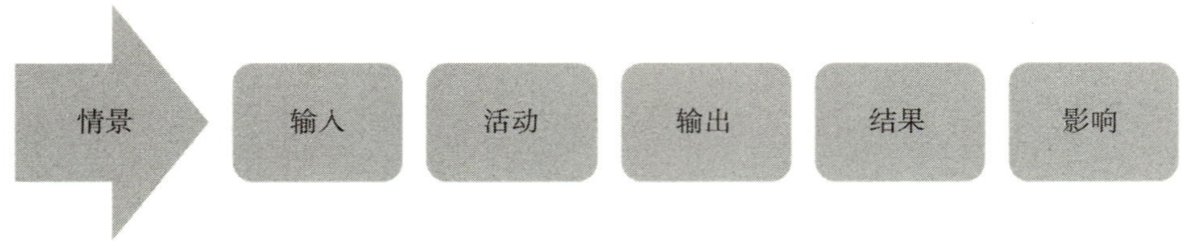

图 4.4　逻辑模型

资料来源：KnowledgeAdvisors, W.K. Kellogg Foundation Logic Model Development Guide, January 2004, www.smartgivers.org/uploads/logicmodelguidepdf.pdf

她说："我过去一直用它简化组织里的因果关系。咱们先一起看看新员工的入职和留任，这是我们现在的情况。根据你的数据和理解，我们的输入是什么？"

你列出了一系列事情，比如时间和招聘人员的努力，支持流程的技术，新员工的工资和福利套餐。副总裁把它们归到输入一栏下。然后你继续添加活动和输出，所有你提供的数据与上述的栏目都匹配。然后副总裁说："怎样才能知道我们是否招聘了一位优秀的员工呢？"

思考片刻后，你坦率地回答："不知道"。你有点窘迫又焦虑，因为你本来应该在平衡计分卡上列出这一测度的。你甚至不确定你现在收集到的新员工质量的测度有什么。副总裁感到了你的焦虑，说道："没事。我们会开始收集新员工质量指标的。我真正的担心在于离职。通过校园招聘的员工在工作 2 年后都容易离职，至少 30% 都是自愿离开的，这比外部基准高。"她在结果一栏下写上"30% 校园招聘员工离职"，然后她说道："这是我们需要监控并减少的重要经营指标之一。我发现你没有在你的指标中列出。"

你说："我现在就列出来。"

"好。下一步就是思考原因。为什么 30% 的新员工会离职呢？"

你们俩一起进行头脑风暴，你提出了几个想法：

- 通过培训，新员工获得了宝贵的技能，这些技能在公司外很有市场；
- 他们想找到更能平衡工作和生活的工作；
- 他们觉得自己没有得到重视，或没能为公司总体任务不断作出贡献；
- 他们认为获得的薪酬太少。

副总裁问："你还有其他关于态度的信息吗？员工为什么离开？"

你说："我们可以看看员工离职当年的敬业度分数。"

"好主意！离职调查呢？你有权限拿到它吗？"

"可以，我之前都忘了它们了。"

"好，现在能用上它们了。你能拿到数据吗？"

"IT 方面也许要花点时间。"

"记得随时通知我，我会支持你进行这项工作。如果必要，你可以用我的名义，我也会帮你扫清障碍。"她继续说，"关于离职和财务状况，你觉得我们有什么测度吗？"

你沮丧地说："我不确定，我需要研究一下。"副总裁看出来她打击到你了，于是鼓励道："这本来就是一项长期工作。跟着我，咱们能做到的。"

她回到逻辑模型，根据你提供的信息填写了余下的部分。她指指逻辑模型中的输入、活动和输出，说道："这就是我们已知的。"她又指指逻辑模型中的结果和影响，补充道："这是我们不知道的。"模型最后如图 4.5 所示。

图 4.5　完整逻辑模型

资料来源：KnowledgeAdvisors, W.K. Kellogg Foundation Logic Model Development Guide, January 2004, www.smartgivers.org/uploads/logicmodelguidepdf.pdf

你们预计 30 分钟的会面延长到了 90 分钟，你很累但很兴奋。副总裁感谢你提供的信息，尤其是输入、活动和输出项，她也明确提出她需要影响和结果方面的测度。唯一不幸的就是她把下次见面安排在了下周。你的时间太少，需要做的太多。

一周过去了，你又要和副总裁见面了。你很紧张。这次你收集了更多信息，而且它们和第一次的指标有着本质的不同，你从几个不同的系统中收集数据。有的数据就在你需要它们的时候出现了；其他数据是电子表格的形式，需要在分析之前进行清理。你需要通过 Excel 来处理大多数数据。你之所以紧张，是因为你申请得到数据的时间比预期的长，数据到手较晚，分析需要争分夺秒，更别提深入理解了。并且，你对这些数据并不熟悉，你习惯的是回顾招聘指标，而对于这次报告，你收集了能力评估结果、绩效评定、培训反馈和产量估算等数据。当你最后制作报告时，你思考了这些结果的首要主题是什么。它们清楚地指向了能力、绩效和效能。

效能测度

你编制的效能测度如下：

- 90 天的新员工绩效评定；高潜能者 / 低绩效者的鉴定；
- 能力评估结果——能力和差距的综合结果；
- 胜任速度；
- 从学员处收集的入职培训中最有效的部分；
- 敬业度调查结果；
- 离职调查数据和离职面谈意见。

1. 结果和解释

在前 30 分钟里，你和副总裁分享了你的结果。她很惊讶你能如此快地收集这么多数据。当你分享图 4.6 所示的图表时，她显得很有耐心。

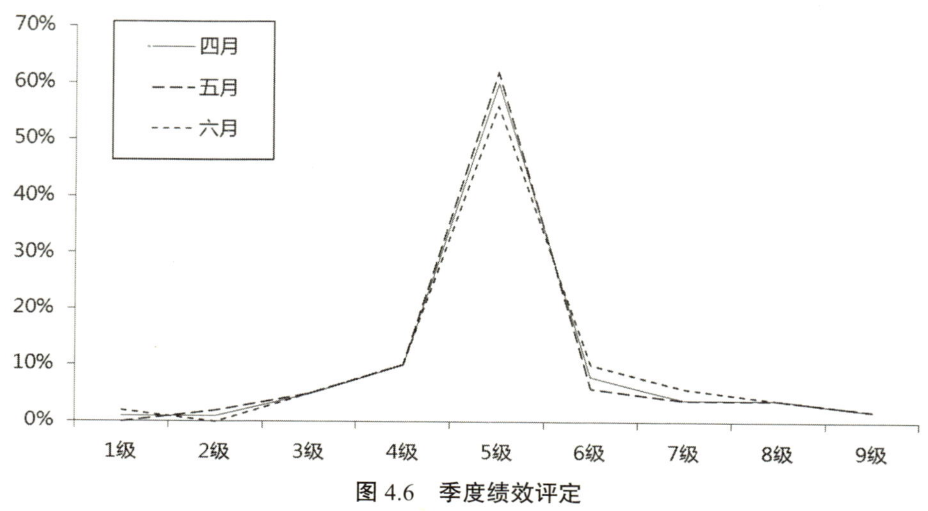

图 4.6　季度绩效评定

2. 90 天的新员工绩效评定

你们公司现在用的是一个九级式绩效评定系统。图 4.6 显示的结果在你预料之内，大部分分布在表格中间，每个月的结果都很相似。超过 60% 的新员工都在“胜任”这一中间层，也就是第五级。只有 15% 到 21% 的员工被评为高绩效（即 6 级、8 级或 9 级）。另外 12% 是低绩效群体（即 1 级、2 级或 4 级）。这种高中低结构对结果进行了重要的分解，如图 4.7 至图 4.14 所示。

3. 能力评估

能力评估结果如图 4.7 所示，高绩效者达到了技术能力要求的 95%和业务能力要求的 97%。中间群体可以胜任，但没有他们那么强。低绩效者只达到了所需能力的一半。这个结果综合了一个季度的全部数据。

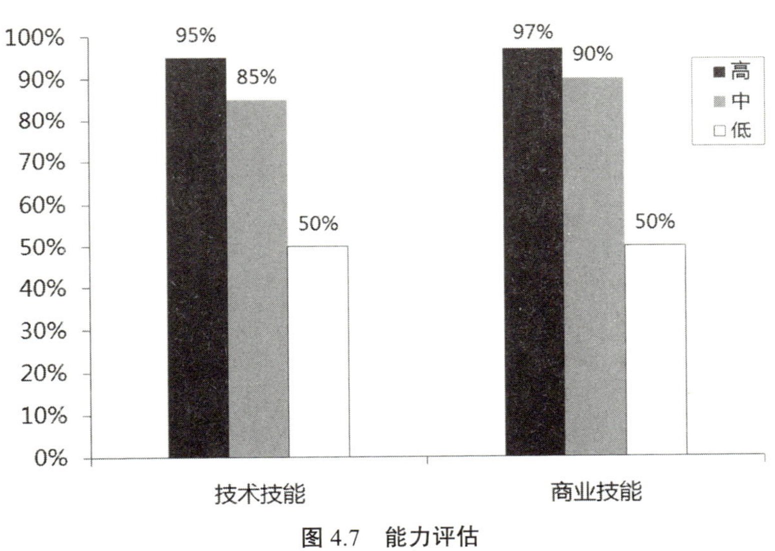

图 4.7　能力评估

4. 胜任速度

如图 4.8 所示，高绩效者可以在最初的四周内达到富有成效的级别。中间群体则需要 12 周才能达到入门的绩效水平，而低绩效群体 90 天后都没能达到胜任的级别。

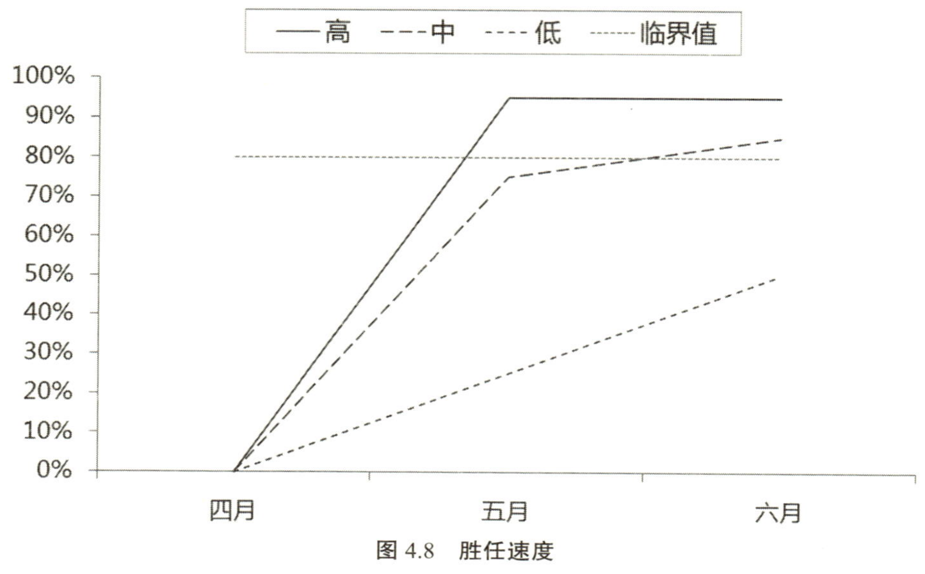

图 4.8　胜任速度

5. 入职反馈（测试和评估）

基于图 4.9 的测试和评估结果（未列出），高绩效者测试得分最高，但从培训中受益最少。他们很可能在入职前就具备了许多必需的知识和技能。然而，他们的确表示培训是切题的、用心设计的并且表达清楚的。在测试中，中间群体几乎和高绩效群体做得一样好，并对培训质量持一致意见。低绩效群体在最终测试中表现并不理想，对培训课程的反馈是内容太多，速度太快。

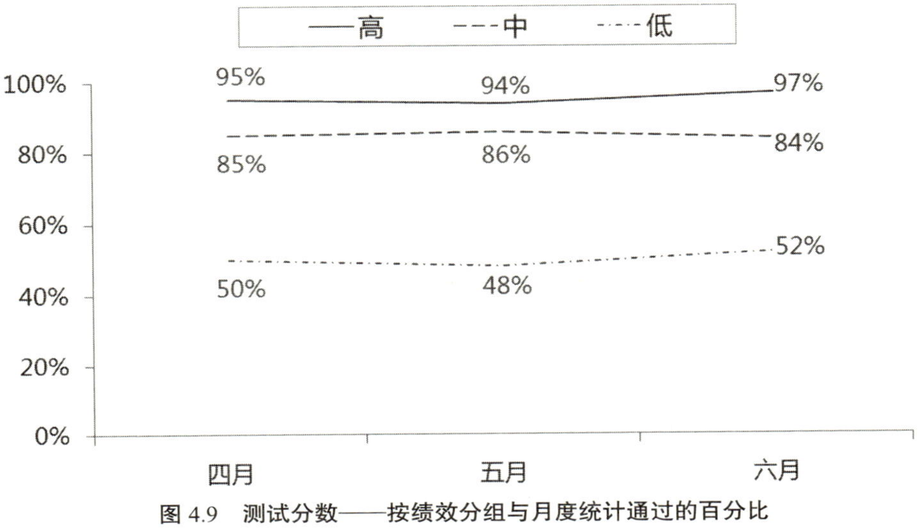

图 4.9　测试分数——按绩效分组与月度统计通过的百分比

6. 敬业度调查

我们选取了入职 90 天和入职一年的时间点，对“我在公司中得到了充分成长”这一问题以打分的形式分别进行了调查，并把较高的两级评分以百分比的形式进行了展示。在 90 天时，高潜能者感到他们在充分成长（如图 4.10 所示）。中间层也做得不错，但低潜能层在苦苦挣扎。入职一年时，中间层和低潜能层的敬业度几乎没有改变，高潜能者的敬业度却大幅度下降。通过深入研究他们的评价，我们发现，他们是感到工作无聊，没有挑战。此外，他们没有感到为公司的成功作出了直接贡献。

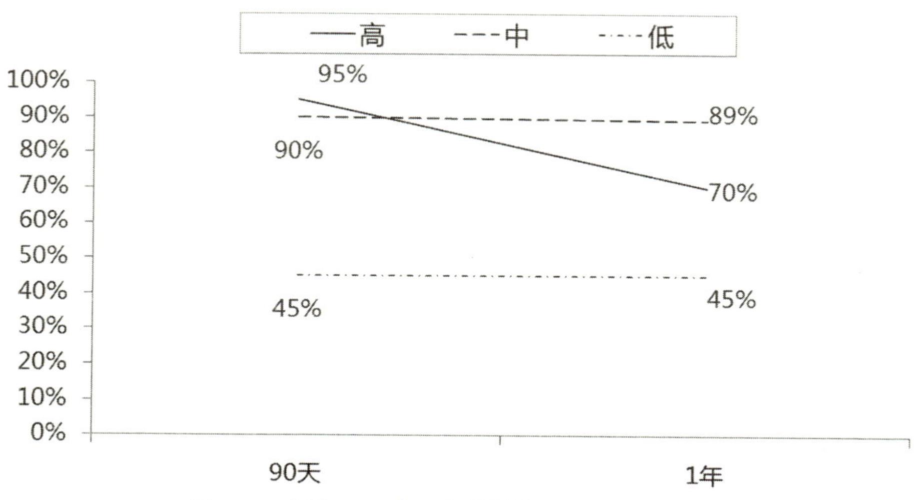

图 4.10 入职 90 天和 1 年按绩效分组的员工敬业度

7. 离职调查

离职调查结果如图 4.11 所示，高绩效者为了更具挑战性的工作、更高的薪水和更高的职位而离开。在第二年，这个群体的离职率达到顶峰（如图 4.12 所示）。中间层的离职率最低，仅为 15%。他们满足于自己扮演的角色并享受工作，但是希望有更好的工作 / 生活平衡，以及更多的薪水。低绩效群体的离职率次高，为 25%。他们的离职调查结果显示，他们为了工作在苦苦挣扎，希望有一份要求更低的工作，并倾向于和家人、朋友一起工作。

离职的主要原因		
高绩效者	中间层	低绩效者
更具挑战性的工作	新行业的相似角色	别的公司中有家人或朋友
更高的薪水	更好的工作 / 生活平衡	更好的工作 / 生活平衡
晋升更高的职位	更高的薪水	要求更低的工作

图 4.11　离职调查结果

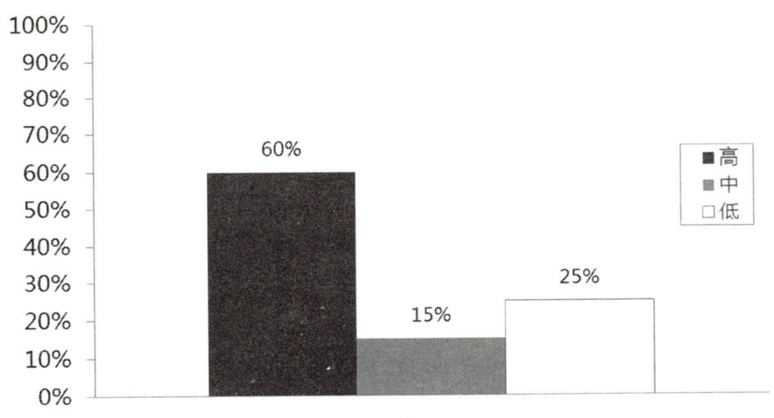

图 4.12　两年后各绩效小组的离职率

在展示完结果后，副总裁感谢了你的辛勤付出和深刻见解。基于这些数据，她和你达成了一致意见。然后她说："还有很多要做的事，让我分享一个模型来帮助你（如图 4.13 所示）。它出自布德罗和莱姆希达所著的《超越人力资源管理》一书。"

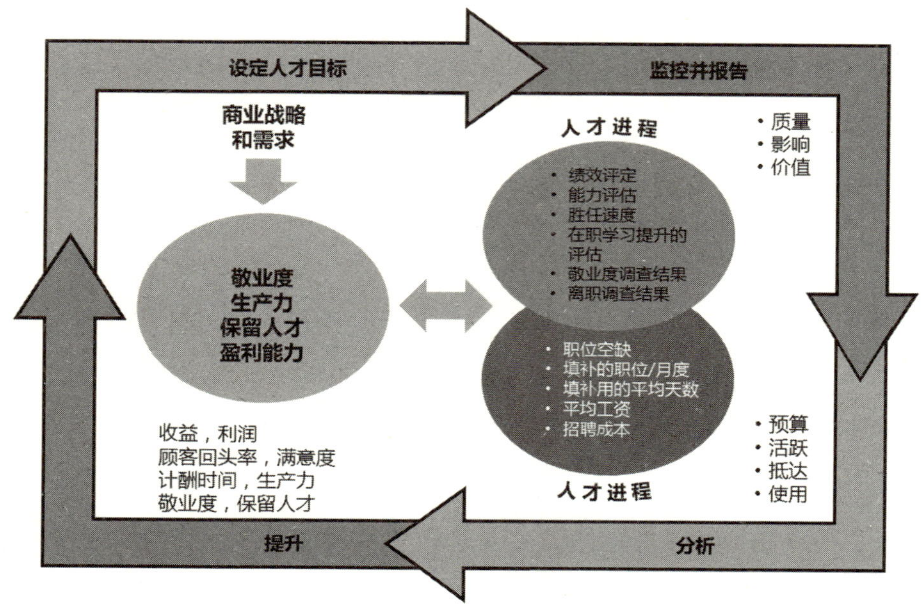

图 4.13　关键绩效指标构成的最优化模型

“基于这个模型，我们应该考虑效率数据、你上周分享的信息、绩效数据和你刚刚分享的信息。这些数据集合应被看作是相关的。比如，如果我们增加两到三个招聘人员，我们就能更快地找到并招聘新人，改进我们的招聘周期测度。”

你打断她：“增加两到三个招聘人员？增加人员需要更多预算，这是很难的。”

“是的，”她说，“所以我们需要明确增加人员对于投资的预期回报，即能招到更优秀的新人，留得也会更久。我们只谈到了改进效率测度，我们也想提升我们的效能测度，比如候选人的质量和任期的长度。为了

获得任期更长、更优秀的候选人而增加招聘人手，这属于有形的投资回报（ROI）。我们必须估算增加人手的影响。然后，当他们到岗时我们可以改进效率和绩效测度，我们会改进公司总体结果——包括候选人质量、工作效率、增加的任期、盈利能力。当前没有数据时的预测和有实际数据后的预测都很重要。”

你看了看模型和副总裁刚刚说的流程，重申道：“所以如果我们能够快速招聘到对的人，那么我们可以增加敬业度、生产力、留任率，甚至是盈利能力。”

“没错！”

“我们需要更多数据。”

“什么意思？”

“我只带了敬业度和离职数据。我应该能拿到生产力和盈利能力的相关数据。如果我能拿到那些，我们就能测度员工质量和盈利能力之间的关系了。”

“我喜欢这种思考方式。你需要多长时间？”她问。

你申请了几周时间，以便能收集数据、进行分析并获得有意义的结果。副总裁很支持，并期待与你的下次见面。

两周后，你带来了所有数据与副总裁分享。首先是一系列的业务成果测量，如下个小节所要介绍的。它们的概念比效率和效能测度更简单，但收集数据和分析数据并不容易。以下只是简单罗列，但与“留任与成长”行动的需求密切相关。

业务成果测度

这是你编制的业务成果测度：

- 敬业度；
- 生产力；
- 留任和离职；
- 盈利能力。

然后，你展示了布德罗和莱姆希达的模型，其中你已经用关键测量值填写过，这些测量值与效率、效能和成果结合。副总裁很认同你的测量分类，她甚至注意到你已经把敬业度、留任和离职从效能部分转到了成果部分。

现在你们已经达成了一致的模型和指标，你向她展示了你编制的与业务成果相关的以下结果。

1. 敬业度

你在上次会面中已经分享过这一点，但是将它转到了成果部分，而不是效能部分，因为敬业度是组织中一个可视为结局的商业成果。正如上次你们会面中提到的，高绩效者在 90 天内十分敬业，但在一年内敬业度大大下降。

2. 生产力

在第一年中，高绩效者级别比其他级别有更多的收益工时。他们的生产力是中间层的两倍，是低绩效者的四倍。换一个角度看，低绩效者需要四天才能完成的工作，高绩效者一天就能完成。图 4.14 展示了不同群体的不同生产力。

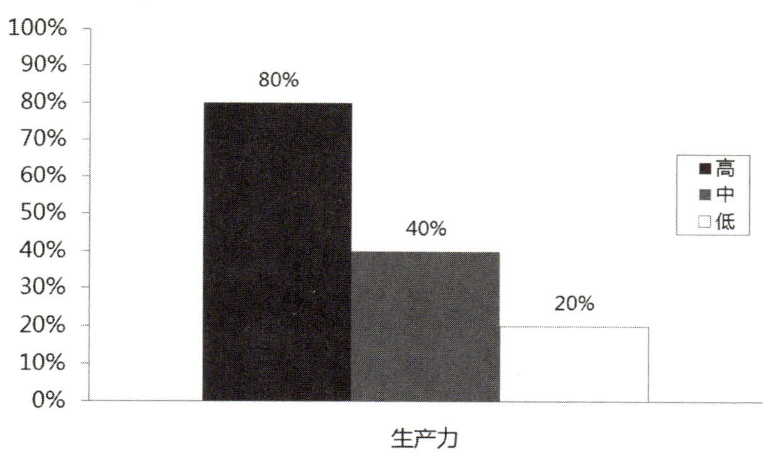

图 4.14　一年内按照绩效小组统计的生产力

3. 留任和离职成本

在上次会面中你已经展示了离职数据。就像敬业度一样，你和副总裁一致同意将它归属到成果测量组，所以你将它转到这一部分。高绩效者在前两年的离职率为 60%（如图 4.11 所示）。因离职带来的成本很高，高绩效者一旦离职，公司需要花费相当于他们工资的 150% 才能找到替代者。若为离职的中层或低绩效者找到替代者，公司的支出只相当于他们工资的 100%。

4. 盈利能力

因为同级别员工每小时的工资相同，所以盈利能力与生产力紧密相关。高绩效者的盈利能力是中间层的两倍，是低绩效者的四倍。这使得高绩效者成为第一年中最能盈利的员工。

你编制的信息使副总裁印象深刻。她对另外两件事也提出要求：第一，她想在数字仪表盘上看看你编制的信息，以便她和其他领导能监督新员工。第二，她还就公司下一步该怎么做征求了你的意见，询问了具体的步骤是什么？

你立刻承诺说，数字仪表盘很容易制作，下周就能向她递交初稿。当你靠在椅子上思考下一步的具体步骤时，副总裁看看表，发现已经快一个小时了，她说："我们下周再谈吧。"

Chapter
5

PREDICTIVE ANALYTICS FOR HUMAN RESOURCES
PREDICTIVE ANALYTICS FOR HUMAN RESOURCES
PREDICTIVE ANALYTICS FOR HUMAN RESOURCES

第五章

PREDICTIVE ANALYTICS FOR HUMAN RESOURCES

预测性统计样例

PREDICTIVE ANALYTICS FOR HUMAN RESOURCES
PREDICTIVE ANALYTICS FOR HUMAN RESOURCES
PREDICTIVE ANALYTICS FOR HUMAN RESOURCES
PREDICTIVE ANALYTICS FOR HUMAN RESOURCES
PREDICTIVE ANALYTICS FOR HUMAN RESOURCES

千里之行，始于正确的地图。

测量是一场旅程。正如第四章的案例所示，这场旅程需要时间，信息的价值随着反馈和循环使用而增加。组织的需求因产业、规模、目的和其他因素的不同而不同。然而，许多测量跨越了这些因素，有效地反映了人力资源部每天作出的有价值贡献。不是每场旅程在一开始就确定了目的地，但探索性、目标导向性的旅程一定是朝着明确的目的地开启的。

以想要的结果作为出发点

基于人才发展报告原理（TDRP），人才报告中心（www.centerfortalentreporting.org）推荐了一个“目的地”。人才发展报告原理在目标方面与指导会计业务的两个模型（通用会计原理和通用审计标准）非常相似。人才发展报告原理是为了向高管报告人力资本信息而设计的，框架是基于布德罗和莱姆希达的绩效优化模型。当可以监控效率、效能和成果时，组织就可以开始调整输入并优化绩效了。

回想一下第四章中不同报告的案例，交给人力资源副总裁的综合报告应该包括效率、效能和成果的测量。人才发展报告原理的目标是开发一个工具，使管理层能快速理解人力资源方面的辅助措施所带来的影响。领导者作出决策需要信息，但这种信息需要以他们能快速理解的形式呈现，同时，这个信息必须和业务需求保持一致。

人才报告中心主张要像创建财务报表一样，为高管创建人力资源方面的报表。报表结构非常简单，对效率、效能和成果这三大指标分别作一个陈述。在每个报表中，比如效率，其重要的度量都列在左栏中；这些度量也许会包括每月的空缺岗位和填补岗位等。右栏展示结果：去年度量的实际价值，今年的目标或计划，年初至今的实际价值和目标实现的百分比。这一系列的信息并不复杂，反而全面易懂，也因此对高管十分有用。表 5-1 至表 5-3 显示了人才发展报告原理的效率、效能和成果报表。

表 5-1　人才发展报告原理效率报表

度量	数据类型	去年实际	今年计划	今年六月，年初至今	占今年计划的百分比
空缺职位	人数	480	500	250	50%
每月填补岗位	人数与百分比	40 或 8.3%	42 或 8.3%	250 或 50%	50%
招聘周期	天数	27	27	27	100%

（续表）

度量	数据类型	去年实际	今年计划	今年六月，年初至今	占今年计划的百分比
岗位工资	平均工资（标准偏差）	64K（6.4K）	65K（6.5K)	64K（6.4K)	98.5%+
招聘新员工成本	平均成本（标准偏差）	122K（12K）	124K（13K）	122K（12K)	98.5%+

表 5-2　人才发展报告原理效能报表

度量	数据类型	去年实际	今年计划	今年六月，年初至今	占今年计划的百分比
90 天绩效评级	平均的李克特式评分 1-9	5	5	5 或 100%	100%
365 天绩效评级	平均的李克特式评分 1-9	5	5	4 或 80%	80%
识别高潜力者	是 / 否指标	10% 的“是”	10% 的“是”	12% 的“是”	120%+
评估结果	平均评估分	90%	90%	80%	88%
胜任速度	时间（月）	1.5 个月	1.25 个月	1.25	100%
支持者满意度	所有调查的总平均值	4.5	4.5	4.5	100%
离职调查结果	所有调查的总平均值	4	4	3.75	93.75%

表 5-3　人才发展报告原理成果报表

度量	数据类型	去年实际	今年计划	今年六月，年初至今	占今年计划的百分比
敬业度调查结果	所有调查结果总平均数	4.5	4.5	4.25	94%
生产力	计酬时间的平均数 / 周	30	32	30	93.75%

（续表）

度量	数据类型	去年实际	今年计划	今年六月，年初至今	占今年计划的百分比
90 天离职率	百分比	3%	3%	3%	100%
365 天离职率	百分比	5%	4%	7%	175%-
盈利能力	时间（月）	1.5 个月	1.25 个月	1.25	100%

当向人力资源副总裁和其他高管分享整理过的信息时，有两种最佳做法。第一，就像人才报告中心所说的那样，以财务报表的格式分享结果。这种方法是以高管熟悉的格式提交结果。他们可以轻松地在左栏查看关键指标，在右栏查看去年的实际绩效、今年的目标，并根据年初至今的数值看出进步。在这个例子中，一些数值上有标“+”和“-”，是为了反映绩效和目标的对比。人才报告中心也提供了所选指标的比较基准，可对基准和目标进行对比。

第二种有价值的方式就是通过数字仪表盘来分析结果。数字仪表盘具有不同的数据呈现方式，如条形图、柱状图、饼状图、趋势线和刻度盘，它还能让用户深入挖掘结果。在建立数字仪表盘时，通过关键的、有条理的人口统计资料来切分数据，如业务单元或区域。艺术与科学都有助于呈现最终产品。有效的数字仪表盘能呈现关键信息，使它具有视觉吸引力，而不会用太多数据占据整个屏幕或页面。最终产品经常是在不断摸索中形成的，在这个过程中，结果不断展示出来，终端用户也会持续提供反馈。

最后，不论你使用表格还是数字仪表盘，目标都不是最终展示。目

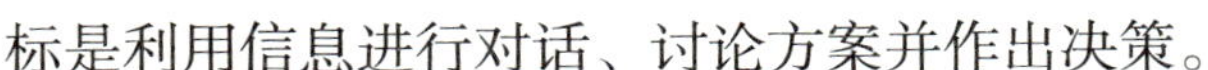
标是利用信息进行对话、讨论方案并作出决策。

回到开始

一旦你有了给管理层提供成果的意愿，为完成这些意愿而进行的繁琐任务就开始了。报告最难的部分往往是收集数据。幸运的是，人力资源管理系统在飞速发展，信息技术（IT）部门能够为你提供所需的数据。因此，下一步便是以恰当的方式向正确的人寻求数据。

谁拥有数据，他们会分享吗

为了向高管提供报告，很重要的一点就是找出重要数据在哪里。在大多数组织中，信息技术部门掌握着数据，因为信息技术部门使用并维护系统，如学习管理系统、人才管理系统、人力资源信息系统，等等。

技术产业的合并也能帮助我们改进报告，因为不同类型的数据现在能在一个系统中共存了。另外，这个产业一般会通过收购实现合并，所以一个服务提供商下面的独立系统往往融为一体。例如，普华永道在2004年收购了第一个人力资源定量对标企业萨拉托加研究所。2010年，人才管理公司SuccessFactors收购了人力资本基准衡量和数字仪表盘制定公司InfoHRM。之后，SuccessFactors公司收购了学习管理系统普拉托。

2011 年末，当客户们觉得 SuccessFactors 公司是行业内最重要的参与者之一时，它被企业资源规划巨头 SAP 公司收购了。这个系统可以报告招聘信息、培训历史、合规性、绩效评估分数、高潜能状态、晋升历史、薪酬和福利信息，等等。然而对于很多组织来讲，高管需要的人力资源数据还存在于许多不同的系统中。表 5-4 显示了不同的数据来源。

表 5-4　高管报告的数据来源

效率	效能	成果
人力资源信息系统 (HRIS)	评估系统	绩效评定系统
空缺职位数量	学习满意度	产生生产力的速度
招聘周期	评估结果	产量测量（计酬时间或每小时生产的产品等）
岗位工资	绩效评定系统	质量习题
财务系统	绩效评级	错误率 /1 百万单元
聘用新员工成本	识别高潜力者	顾客服务 / 关系管理系统
培训新员工的成本（入职）	人力资源信息系统	顾客忠诚度
	90 或 365 天内的离职率	销量
	产量缺失（工资 × 未填补时间）	客户关系管理 / 财务
		收益 / 接受培训者

组织间的测量成熟度非常不同。有些组织每天都收集并使用数据，有些还在为辨别关键绩效指标和收集数据而苦苦挣扎。对于那些位于成熟曲线底端的组织来说，要走的路会更长些，因为组织必须先找到收集数据的方法才能作出报告。

辨别数据来源是分析过程中很重要的一步，此外还有很多工作。数据拥有者往往不能或不愿共享。有一个常见的不能共享的理由是系统不能直接导出数据。更多的情况是，有些数据因为政策法规或组织规定被列为“敏感”数据，而这样的隐私数据是受保护的。这类数据往往包括个人信息，如性别、年龄（出生日期）、民族和病史，另外，绩效评价中的测试分数和敬业度调查结果也被某些组织归为敏感数据。

尽管有些数据被加密，大多数分析师不能直接获得，但是还是有办法的。一种方法是申请没有独特身份信息（如身份证号码或电子邮箱地址）的数据。当连续分析需要加入这些数据时，这种方法就会带来问题。缺少身份证件或电子邮箱地址，就不可能把敬业度调查的结果与离职信息联系起来。变通方案就是向保护数据的人力资源分析师或信息技术专家寻求帮助。让这个人替你关联起两个文件，然后删除唯一性识别。这样既联系了数据，也保护了隐私。

然而，有些数据集合不能获得是因为拥有者不愿意共享。尽管这不常发生，但还是存在的，在你努力为组织谋得最大福利时，这样的事情会给你带来极大的挫败感。通常，直接提出数据申请就可以了，在一些组织里，用电子邮件请求数据就能够直接得到你想要的；但在另外一些组织里，你还需要支持者，而且必须经过官方渠道请求，遵循标准协议。请做好心理准备，这可能需要很大的努力，但它往往不是因为繁重或耗时。

有时数据的管理者会坚守阵地，并拒绝共享，那么直接请求数据的方法就不奏效了。别纠结于找出原因，这有可能是无用功。你可以这样想：我们可以用简单的方法，也可以用复杂的方法解决。这要由数据管理者选择。找找组织里能得到许可的其他级别的人。下面两条路往往会奏效：征得管理者上司的允许，或找一位高管支持者替你发出请求。

当数据来自不同的来源时，请求过程可能会很长。请你做好心理准备，一个简单的请求可能会花费数天甚至数周。有时，负责提取数据的技术组会问，这个请求是一次性的还是定期的，任何一个答案对信息技术部门来说都可以，因为这个部门只是想知道需不需要保存提取数据的密码和流程，以便将来你申请数据时能够更为高效。

你怎样处理数据呢

出于商业目的而收集数据基本有四个原因：描述、解释、预测和优化绩效。当你报告和分析数据时，记住这些原因。

1. **描述**。使用简单的统计学术语，如频率计数、平均数、标准差，就可以对绩效进行定量描述，从而对组织目前的情况作出明确的说明。绩效评估结果用简单的数字描述每个人的年度绩效。九级模型可以用 1~9 的打分对员工进行评级。这些简单的数字能总结个人绩效，还可以进行合并，描述样本或群体的绩效。

2. **解释**。描述完绩效后，解释往往是很有帮助的。这一点通常可以通过深入挖掘数据、联系数据环境、检验差别与关联而达成。例如，如

果我们把所有职业人士分为新手、有经验的员工和先进员工这三类，我们就能看出其中隐含的联系，进而解释他们的评级情况。九级模型中绩效最好的群体是最资深的员工。新手评级最低，而有经验（但还没达到资深）的员工位于中间。这样，经验帮助我们解释了数据。

3. **预测**。相关性、回归、方差分析（ANOVA）等推理统计可用于预测未来绩效。方差分析可以发现各组间的有效差别（如资深员工和新手的绩效）。相关性和回归分析可以发现变量间的关系。比如，绩效会随着经验的增长而增长。用经验预测绩效似乎是很合理的，但是如果组织等不及员工获得经验呢？培训和教练模式等发展项目能不能帮助提高绩效呢？当然可以。另外，开发和培训也遵循“剂量—效应”曲线。即越进行培训开发，员工提高绩效的速度就越快。如果有足够多的案例，就能通过训练和培训的数量来预测绩效。这种模型是无价之宝，因为公司可以估算出提高绩效需要多少开发与培训方面的投资。

4. **优化**。一旦建立好了预测模型，公司就可以执行提高绩效的项目了，如提供最佳数量的培训。通过监控输入和实际绩效可以建立反馈回路，由此，组织可以优化提高绩效的投资。与布德罗和莱姆希达的方法一致，整个数据集合（如效率、效能和成果度量）可以用于优化组织绩效。

得到优化的流程会是什么样子呢？这个会有很多可能性，不过可以想象一下培训预算大幅缩减，而开发目标保持不变的情况，例如，每年要培训 X 人，让他们的工作技能在一个月内变得熟练。在这个案例中，效率会受到影响。首席学习官和学习与开发（L&D）经理必须根据可用预算调整课程。这就意味着要在教师指导类的课程中增加数字化学习的比例，或者减少高成本课程，两种方法都有效果。更多的数字化学习可以在保证培训数量的同时省下钱来，减少导师指导式的培训成本。然而，因为培训中面对面互动减少，数字化学习的后果可能是员工参与度下降或跨职能的交流减少。但如果减少关键课程，员工就可能因为没有学到新知识或新技能而不能保证生产产品的质量标准。

企业高管喜欢根据数据作出决策。没有数据的决策就是赌运气。通过使用人才发展报告原理这样的框架，人力资源管理者可以向高管提供有用的信息，从而作出数据驱动的决策。

数据的格式是怎样的

申请数据时要小心。现在有许多数据格式：HTML、XML、HRXML、text、comma delimited、SQL、SPSS、MS Excel、MS Access，这只是其中的几种。种类太过繁多，但也增加了找到所需格式的数据的可能性。微软产品的普及也有很大帮助，大多数人力资源管理从业人员使用 Windows 系统，能使用 MS Excel 和 MS Access。这些工具与很多种文件都兼容，如前文列举的那些。兼容多样文件的能力很重要，因为包含你想要的数据的商业系统经常使用专有代码、结构化查询语言（SQL）或其他特有语言。幸运的是，这些系统通常都能导出数据，变为标准的文件种类。当和信息技术部门合作提取数据时，要确定你想要的文件形式。你要要求文件导出为 .txt 或 .csv 等大多数软件都能打开的常见格式。

要考虑的另一件事就是数据结构。数据系统是为了高效储存数据而建立的，使用了特别长但比较窄的数据表。这些“垂直文件”只有几列，却有成千上万行。虽然他们在服务器上工作高效而且能提高处理速度，但也会产生问题。超过一百五十万格的文件就超出了 MS Excel 的能力。虽然 MS Access 可以处理庞大的文件数量，但这个软件并没有 MS Excel 那样容易上手，它会要求更多的分析技能。

第二种组织数据的方法就是申请交叉表导出。这种格式一行对应一个人。每栏包含这个人的特有信息，如人口统计资料或调查结果。与垂直文件相比，这种结构更宽，有许多列。这种格式常用于 Excel 或 SPP、SAS 等统计学软件的数据分析。

数据的质量达标吗

获得高质量数据对任何分析都很重要。在分析数据集合前，要检测数据，以保证数据包含所需度量，并且度量是连续收集并储存了的。在回顾数据集合时，要检查以下几点。

■ **缺失数据**。不是所有数据集合都是完整的。即使是简单的新员工统计表，都会缺失数据。人们经常忘记输入信息，如邮政编码。或者他们无意中跳过了一个问题。这都很正常。当处理成千上万个案例时，有些缺失片段不会影响整体分析。然而，当大量数据缺失时，比如说缺失了 50% 甚至更多，你就必须判断分析中的变量。如果这个变量是个关键度量，就值得研究这么多数据缺失的原因。或者更进一步，找到并修正数据收集中存在的问题。

- **数据中的错误**。有很多原因都能引起错误。
- **打字机出现问题或数据录入错误是最常见的**。有时，我们会输错最简单的信息，如姓名。少量错误是正常的，也是可以接受的。如果可能的话，在分析前剔除这样的错误。然而，系统错误是不可接受的。这些错误源于数据输入正确但输入区域错误，比如问题 5 的答案被输入到问题 6 的区域里。当这种情况在许多案例中都发生时，这对数据的精确性就会有极大的负面影响。
- **数据库错误常常发生而且很难被发现**。例如，提取教师指导类课程评估的数据可能会错误地包含了网络课程评估的数据。这种错误源于错误的查询请求。
- **不一致数据较容易发现**。想想教师指导类课程和网络课程的数据，这些数据因为行和列完全一样，所以很难删除错误。但跨数据集合的数据经常不一致，因为评估表中有些问题不一样。如果网络课程的数据多问了一个问题或者少问了一个人口统计问题（如培训地点），数据栏就不一致了。不一致性可以很好地表明数据集合里有错误数据。

在分析前，评测数据质量的最好方法就是检验。根据你对数据的基本理解进行仔细检验。例如，招聘了 100 人，数据集合里怎么会有 300 人呢？如果是用 1 至 5 打分，数据集合里怎么会有 6 呢？总之，利用你职业性的谨慎审视你的数据，看看能找到什么。

在第六章里，让我们卷起袖子，开始检测数据的收集和分析流程。

Chapter 6

第六章

预测性分析的运用

预测未来的最好方法就是创造未来。

——亚伯拉罕·林肯

在第五章里，人力资源副总裁要求你提供测度指标，以便确定“留任与成长”行动的效率。在进行几次头脑风暴之后，你们确定了一套指标，也想好了如何向公司领导展示。

这一章主要关注你和人力资源副总裁会面之中发生的事情，尤其是你如何收集数据，并用图表和计分卡开始分析。这一章也探讨了如何关联不同的数据集合，以及如何运用预测性分析为利益相关者提供信息。

第一步：决定关键绩效指标

关键绩效指标（KPIs）是在第四章你和副总裁的对话中开发的，你把它分为三种测量：效率、效能和成果。现在你要做的是收集数据，但有时收集数据会很麻烦。

因为流程设计有很多测度和步骤，所以建立追踪工具会很有用，它包含所有的关键绩效指标和关于测量的各种信息，能从一开始就帮你收集数据。这个工具包含如下信息：

- 数据出自哪个部门？
- 谁是数据的看管者或所有者？
- 这是敏感信息吗？
- 如果是敏感信息，需要获得怎样的批准才能获取数据？
- 数据类型是什么（如标称、序数、区间、比率，定性还是定量）？
- 数据格式是什么（如 HTML、text、comma delimited 等）？
- 请求数据有标准流程吗？
- 请求的标准周期是多少？

表 6-1 展示了一个典型的数据追踪工具。关键绩效指标被放在左边第一列，而追踪信息被放在右边的多列中。

1. 交流

因为组织中由其他人拥有数据，所以，为了获取数据，你常常需要提出正式申请。如果你需要获得一个或数个批准才能获取数据，不要对此感到惊讶。有时，你需要全部利益相关者召开正式会议才能获得批准。有时，你需要撰写正式申请，阐述项目原理，解释数据分析后的用途。因为保密性对组织的风险管理很重要，往往需要你说明报告中不会涉及个体姓名或个体结果。有些组织会要求以不少于三人或五人的小组形式进行报告，以保证机密性。

表 6-1 数据追踪工具

关键绩效指标（KPI）	数据出自哪个部门	看管者 / 所有者	是否属于敏感信息（是 / 否）	需求获得的批准是什么	请求数据的标准流程是什么	请求的标准周期	定性还是定量	数据类型（标称、序数、区间、比率）
效率								
空缺岗位数量								
填补岗位数量 / 月度								
招聘周期								
岗位工资								
招聘新员工成本								
效能								
90 天及 365 天绩效评级								
识别高潜力者								
评估结果								
胜任速度								
支持者满意度								
离职调查结果								
成果								
敬业度调查结果								
生产力								
90 天及 365 天留任 / 离职率								
收益率								

表 6-2　数据申请模板

客户：	内部业务所有者：	客户业务所有者：
摘录 ID：	内部到期日期：	客户到期日期：

请完成下列所有表格。任何额外的细节或示例将有助于确保这些摘录满足客户的需求。

商业案例 / 用途（描述这些数据被使用的目的以及如何使用） 本栏被用来填写额外注解	
频率——这些摘录使用的频率（月度、季度等）	
数据范围——本报告更新的日期。如果和报告的日期无关，需要特别标注	
必需的纵列——包含所有你认为应该被包含在本摘录中、希望在此出现的纵列。不要填写“和下载的数据一样” 如果这些纵列名称没有清楚地限定它所包含的数据，需提供细节描述	
数据权限——提供登录用户名或其他对报告中的数据进行限定的方式	
过滤——如果除了日期以及数据权限之外，还有其他项限制了数据，列出所有这些过滤项	
纵列分隔符——提供作为分隔符使用的字符（“,”，“|”，等）	
文件导出格式——包括所有的格式信息（默认为 Unicode 格式）	
导出文件命名——文件的名字，包括年月日（YYMMDD）记法来确保在同时运行多个任务时，该文件的突出性	
数据有效性测试——列出能用来测试摘录是否正确的动量指标（MTM）报告或其他数据	
文件传输协议（FTP）文件夹 / 放入——文件完成后应该被放置或者被发送到哪里	

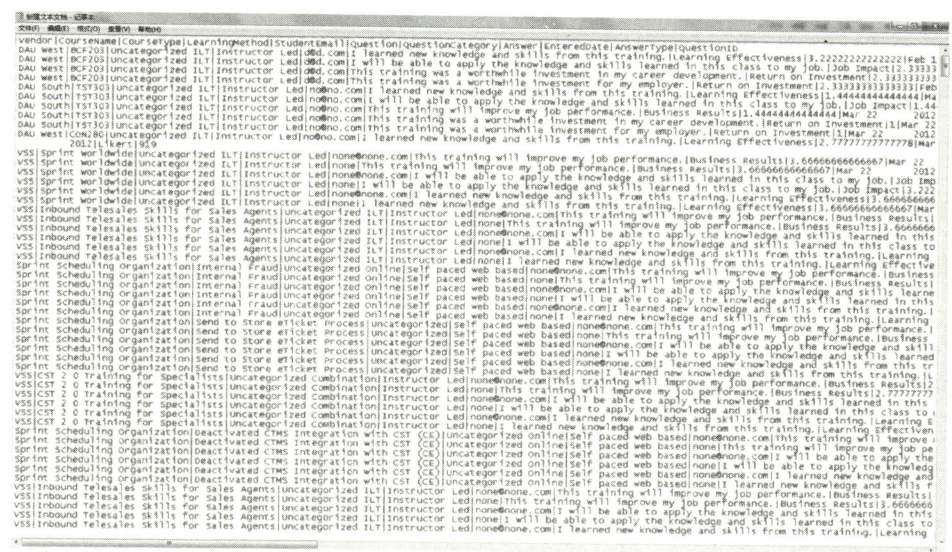

```
vendor|CourseName|CourseType|LearningMethod|StudentEmail|Question|QuestionCategory|Answer|EnteredDate|AnswerType|QuestionID
DAU West|BCF203|Uncategorized ILT|Instructor Led|d@d.com|I learned new knowledge and skills from this training.|Learning Effectiveness|3.2222222222222|Feb 1
DAU West|BCF203|Uncategorized ILT|Instructor Led|d@d.com|I will be able to apply the knowledge and skills learned in this class to my job.|Job Impact|2.33333
DAU West|BCF203|Uncategorized ILT|Instructor Led|d@d.com|This training was a worthwhile investment in my career development.|Return on Investment|2.33333333
DAU West|BCF203|Uncategorized ILT|Instructor Led|d@d.com|This training was a worthwhile investment for my employer.|Return on Investment|2.33333333333333|Feb
DAU South|TST303|Uncategorized ILT|Instructor Led|no@no.com|I learned new knowledge and skills from this training.|Learning Effectiveness|1.44444444444444|Ma
DAU South|TST303|Uncategorized ILT|Instructor Led|no@no.com|I will be able to apply the knowledge and skills learned in this class to my job.|Job Impact|1.44
DAU South|TST303|Uncategorized ILT|Instructor Led|no@no.com|This training will improve my job performance.|Business Results|1.44444444444444|Mar 22      2012
DAU South|TST303|Uncategorized ILT|Instructor Led|no@no.com|This training was a worthwhile investment in my career development.|Return on Investment|1|Mar 22
DAU South|TST303|Uncategorized ILT|Instructor Led|no@no.com|This training was a worthwhile investment for my employer.|Return on Investment|1|Mar 22      2012
DAU West|CON280|Uncategorized ILT|Instructor Led|no@no.com|I learned new knowledge and skills from this training.|Learning Effectiveness|2.77777777777778|Mar
      2012|Likert|919
VSS|Sprint Worldwide|Uncategorized ILT|Instructor Led|none@none.com|This training will improve my job performance.|Business Results|3.66666666666667|Mar 22
VSS|Sprint Worldwide|Uncategorized ILT|Instructor Led|none|This training will improve my job performance.|Business Results|3.66666666666667|Mar 22      2012
VSS|Sprint Worldwide|Uncategorized ILT|Instructor Led|none@none.com|I will be able to apply the knowledge and skills learned in this class to my job.|Job Imp
VSS|Sprint Worldwide|Uncategorized ILT|Instructor Led|none|I will be able to apply the knowledge and skills learned in this class to my job.|Job Impact|3.222
VSS|Sprint Worldwide|Uncategorized ILT|Instructor Led|none@none.com|I learned new knowledge and skills from this training.|Learning Effectiveness|3.66666666
VSS|Sprint Worldwide|Uncategorized ILT|Instructor Led|none|I learned new knowledge and skills from this training.|Learning Effectiveness|3.66666666666667|Mar
VSS|Inbound Telesales Skills for Sales Agents|Uncategorized ILT|Instructor Led|none@none.com|This training will improve my job performance.|Business Results|
VSS|Inbound Telesales Skills for Sales Agents|Uncategorized ILT|Instructor Led|none|This training will improve my job performance.|Business Results|3.6666666
VSS|Inbound Telesales Skills for Sales Agents|Uncategorized ILT|Instructor Led|none@none.com|I will be able to apply the knowledge and skills learned in this
VSS|Inbound Telesales Skills for Sales Agents|Uncategorized ILT|Instructor Led|none|I will be able to apply the knowledge and skills learned in this class to
VSS|Inbound Telesales Skills for Sales Agents|Uncategorized ILT|Instructor Led|none@none.com|I learned new knowledge and skills from this training.|Learning
VSS|Inbound Telesales Skills for Sales Agents|Uncategorized ILT|Instructor Led|none|I learned new knowledge and skills from this training.|Learning Effective
Sprint Scheduling Organization|Internal Fraud|Uncategorized Online|Self paced web based|none@none.com|This training will improve my job performance.|Business
Sprint Scheduling Organization|Internal Fraud|Uncategorized Online|Self paced web based|none|This training will improve my job performance.|Business Results|
Sprint Scheduling Organization|Internal Fraud|Uncategorized Online|Self paced web based|none@none.com|I will be able to apply the knowledge and skills learne
Sprint Scheduling Organization|Internal Fraud|Uncategorized Online|Self paced web based|none|I will be able to apply the knowledge and skills learned in this
Sprint Scheduling Organization|Internal Fraud|Uncategorized Online|Self paced web based|none@none.com|I learned new knowledge and skills from this training.|
Sprint Scheduling Organization|Internal Fraud|Uncategorized Online|Self paced web based|none|I learned new knowledge and skills from this training.|Learning
Sprint Scheduling Organization|Send to Store eTicket Process|Uncategorized|Self paced web based|none@none.com|This training will improve my job performance.|
Sprint Scheduling Organization|Send to Store eTicket Process|Uncategorized|Self paced web based|none|This training will improve my job performance.|Business
Sprint Scheduling Organization|Send to Store eTicket Process|Uncategorized|Self paced web based|none@none.com|I will be able to apply the knowledge and skill
Sprint Scheduling Organization|Send to Store eTicket Process|Uncategorized|Self paced web based|none|I will be able to apply the knowledge and skills learned
Sprint Scheduling Organization|Send to Store eTicket Process|Uncategorized|Self paced web based|none@none.com|I learned new knowledge and skills from this tr
Sprint Scheduling Organization|Send to Store eTicket Process|Uncategorized|Self paced web based|none|I learned new knowledge and skills from this training.|L
VSS|CST 2 0 Training for Specialists|Uncategorized Combination|Instructor Led|none@none.com|This training will improve my job performance.|Business Results|2
VSS|CST 2 0 Training for Specialists|Uncategorized Combination|Instructor Led|none|This training will improve my job performance.|Business Results|2.7777777
VSS|CST 2 0 Training for Specialists|Uncategorized Combination|Instructor Led|none@none.com|I will be able to apply the knowledge and skills learned in this
VSS|CST 2 0 Training for Specialists|Uncategorized Combination|Instructor Led|none|I will be able to apply the knowledge and skills learned in this class to
VSS|CST 2 0 Training for Specialists|Uncategorized Combination|Instructor Led|none@none.com|I learned new knowledge and skills from this training.|Learning E
VSS|CST 2 0 Training for Specialists|Uncategorized Combination|Instructor Led|none|I learned new knowledge and skills from this training.|Learning Effectiven
Sprint Scheduling Organization|Deactivated CTMS Integration with CST (CE)|Uncategorized Online|Self paced web based|none@none.com|This training will improve
Sprint Scheduling Organization|Deactivated CTMS Integration with CST (CE)|Uncategorized Online|Self paced web based|none|This training will improve my job pe
Sprint Scheduling Organization|Deactivated CTMS Integration with CST (CE)|Uncategorized Online|Self paced web based|none@none.com|I will be able to apply the
Sprint Scheduling Organization|Deactivated CTMS Integration with CST (CE)|Uncategorized Online|Self paced web based|none|I will be able to apply the knowledg
Sprint Scheduling Organization|Deactivated CTMS Integration with CST (CE)|Uncategorized Online|Self paced web based|none@none.com|I learned new knowledge and
Sprint Scheduling Organization|Deactivated CTMS Integration with CST (CE)|Uncategorized Online|Self paced web based|none|I learned new knowledge and skills f
VSS|Inbound Telesales Skills for Sales Agents|Uncategorized ILT|Instructor Led|none@none.com|This training will improve my job performance.|Business Results|
VSS|Inbound Telesales Skills for Sales Agents|Uncategorized ILT|Instructor Led|none|This training will improve my job performance.|Business Results|3.6666666
VSS|Inbound Telesales Skills for Sales Agents|Uncategorized ILT|Instructor Led|none@none.com|I will be able to apply the knowledge and skills learned in this
VSS|Inbound Telesales Skills for Sales Agents|Uncategorized ILT|Instructor Led|none|I will be able to apply the knowledge and skills learned in this class to
VSS|Inbound Telesales Skills for Sales Agents|Uncategorized ILT|Instructor Led|none@none.com|I learned new knowledge and skills from this training.|Learning
```

图 6.1　分隔符数据文件

接到数据请求时，信息技术组织一般会有一套提交申请的流程。这种申请可能包含支持者、目的、申请人和数据的所有细节。如表 6-2 就展示了一个数据申请的流程案例。

2. 设置数据格式

无论大小，到手的数据集合经常是需要解压的打包形式。首先，可能有一连串成行的数字由栏、通道或其他标志着每栏起始的分隔符分开（如图 6.1 所示）。除非分成行和列，不然这个文件是没用的。MS Excel 和 MS Access 都有导入功能，让用户打开并排列这种文件。其次，文件可能是只有几列但有许多行的垂直结构（如表 6-3 所示）或交叉表格式（如图

6.2 所示)。垂直结构的文件用来储存或者配合使用 MS Excel 中的数据透视表(Pivot Table)是很好的,但更高级的分析需要交叉表结构,其中每行是一个实例(如某个员工),每列是一个变量(如某个调查问卷中的问题)。需要转化才能把垂直文件变成交叉表文件。MS Access 工具就能完成这种转化。

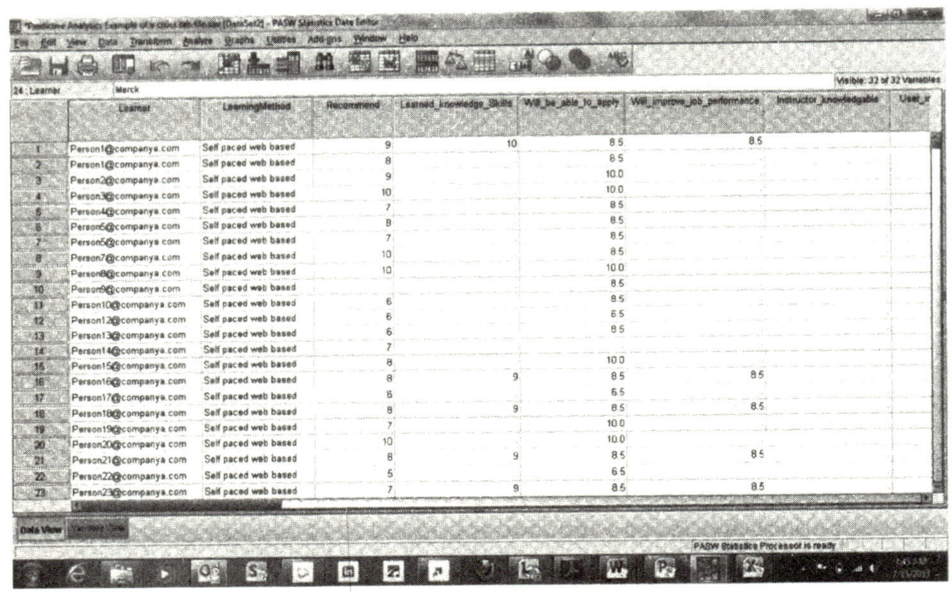

	Learner	LearningMethod	Recommend	Learned_knowledge_Skills	Will_be_able_to_apply	Will_improve_job_performance	Instructor_knowledgable	User_ir
1	Person1@companya.com	Self paced web based	9	10	8.5	8.5		
2	Person1@companya.com	Self paced web based	8		6.5			
3	Person2@companya.com	Self paced web based	9		10.0			
4	Person3@companya.com	Self paced web based	10		10.0			
5	Person4@companya.com	Self paced web based	7		8.5			
6	Person6@companya.com	Self paced web based	8		8.5			
7	Person5@companya.com	Self paced web based	7		8.5			
8	Person7@companya.com	Self paced web based	10		8.5			
9	Person8@companya.com	Self paced web based	10		10.0			
10	Person9@companya.com	Self paced web based			8.5			
11	Person10@companya.com	Self paced web based	6		8.5			
12	Person12@companya.com	Self paced web based	6		6.5			
13	Person13@companya.com	Self paced web based	6		8.5			
14	Person14@companya.com	Self paced web based	7					
15	Person15@companya.com	Self paced web based	8		10.0			
16	Person16@companya.com	Self paced web based	8	9	8.5	8.5		
17	Person17@companya.com	Self paced web based	6		6.5			
18	Person18@companya.com	Self paced web based	8	9	8.5	8.5		
19	Person19@companya.com	Self paced web based	7		10.0			
20	Person20@companya.com	Self paced web based	10		10.0			
21	Person21@companya.com	Self paced web based	8	9	8.5	8.5		
22	Person22@companya.com	Self paced web based	5		6.5			
23	Person23@companya.com	Self paced web based	7	9	8.5	8.5		

图 6.2　一个数据库的交叉表展示

表 6-3 数据集的垂直显示

课程类型	学习方法	学生邮箱	问题	问题分类	回答	填写日期	回答类型
未分类的	讲师指导型	person1@companya.com	我从本次训练中学到了新知识和新技能	学习有效性	2.333333333	2 月 27 日	李克特量表
未分类的	讲师指导型	person1@companya.com	我能把在这门课上学到的知识和技能应用到工作中	对工作的影响	2.333333333	2 月 27 日	李克特量表
未分类的	讲师指导型	person1@companya.com	本次训练能提升我的工作绩效	业务绩效	2.333333333	2 月 27 日	李克特量表
未分类的	讲师指导型	person1@companya.com	本次训练对我的职业发展是值得投资的	投资回报	2.333333333	2 月 27 日	李克特量表
未分类的	讲师指导型	person2@companya.com	本次训练对我的职业发展是值得投资的	投资回报	2.777777778	3 月 30 日	李克特量表
未分类的	讲师指导型	person2@companya.com	我从本次训练中学到了新知识和新技能	学习有效性	2.333333333	3 月 30 日	李克特量表
未分类的	讲师指导型	person2@companya.com	本次训练对我的职业发展是值得投资的	投资回报	2.333333333	4 月 18 日	李克特量表
未分类的	讲师指导型	person2@companya.com	我从本次训练中学到了新知识和新技能	学习有效性	2.333333333	4 月 18 日	李克特量表
未分类的	讲师指导型	person3@companya.com	我从本次训练中学到了新知识和新技能	学习有效性	2.333333333	3 月 20 日	李克特量表
未分类的	讲师指导型	person3@companya.com	本次训练对我的职业发展是值得投资的	投资回报	2.333333333	3 月 20 日	李克特量表

这时，我们就可以开始描述收集到的真实数据了。表 6-4 展示了每个测量维度，并描述了数据的本质和数据收集方法。

表 6-4 指标的定义

测量维度	数据类型	数据收集方法
效率		
招聘周期	招入新人 X 的时间天数	人才管理系统的追踪：招聘模块
岗位工资	货币价值：给新人 X 的工资	人才管理系统
招聘新员工成本	货币价值：工资以及招聘过程投入的行政成本	人才管理系统
空缺岗位数量	不包含于本次分析中，本次分析只关注新员工，而不关注招聘者	N/A
每个月填补的岗位数量	不包含于本次分析中，本次分析只关注新员工，而不关注招聘者	N/A
效能		
90 天及 365 天绩效评级	从 1 到 9 的数字值 1= 低潜力 / 低绩效 5= 中等潜力 / 达到期望绩效 9= 高潜力 / 高绩效	通过组织性的调查，在工作 90 天的时候以及年度总结过程中收集数据
高潜力 / 绩效的确认	通过“是”或“否”测评	基于 90 天时的绩效测评
评估结果	从 1 到 5 的数字值	用一种胜任评估工具收集结果，作为新人对技术岗位的胜任力的整体等级
胜任速度	对于新人来说，达到胜任工作所用的时间天数	由新人的管理人员决定，在人才管理系统中获取
支持者满意度—领导者负责输入	从 1 到 5 的数字值	业务单元的领导对新人的工作质量评分；通过组织性的调查，在年度总结中收集
离职调查结果	从 1 到 5 的数字值	对此问题的回应：“你会对你朋友或家人推荐这个组织吗？”
成果		

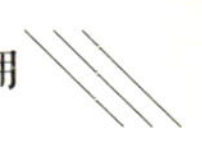

（续表）

测量维度	数据类型	数据收集方法
敬业度调查结果	从 1 到 5 的数字值	对此问题的回应：“总的来说，在我的职位上不断成长。”
生产力	从 0 到 100% 的百分比数值	这个值基于为客户工作的小时数占总工作时间的百分比
90 天及 365 天的留用 / 流失率	是或否	在人才管理系统中追踪离开组织的情况
收益率	计算出的价值	（生产率的百分比 -50%）× 工资 = 每个人的收益率估值

第二步：分析并报告数据

一旦数据集合转为可用的文件形式，就可以开始数据分析了。统计通常被分为两类：描述性和推论性统计。

- **描述性统计**描述数据，其使用的统计学术语在日常生活中也很常见，如回应数量、平均数、标准差和频率分布。描述性统计对数据的理解很重要。
- **推论性统计**使用相关或迭代等方法研究变量之间的关系。使用 *t*-检验和变量分析等，推论性统计可以检测组间差别。根据统计学检测结果，分析师可以作出推论，不仅在案例中确实存在相关（或不同），还能把结论推及整个群体。预测性统计是推论性统计的精髓，因为推论技术是用来预测未来价值的。

表 6-5 基础分析计划

测量维度	描述	展示：数字仪表盘用的图	推论性统计
效率			
空缺岗位数量	*N* 占业务单元或层级的空缺岗位数量	业务单元或层级的折线图	方差分析：跨业务单元或层级的比较
每个月填补的岗位数量	*N* 占每月业务单元或层级的填补岗位数量	业务单元或层级的折线图	方差分析：跨业务单元或层级的比较
招聘周期	时间天数的平均数；也展示了异常值的高和低	业务单元或层级填写的平均时间的条形图	方差分析：跨业务单元或层级的比较
岗位工资	业务单元或层级的平均工资（可能有标准误差）	箱线图展示平均工资以及标准误差或四分位数	方差分析：跨业务单元或层级的比较
招聘新员工成本	业务单元或层级的平均招聘成本（可能有标准误差）	箱线图展示平均成本以及标准误差或四分位数	方差分析：跨业务单元或层级的比较
效能			
90 天及 365 天绩效评级	在 9 格中每一格中的百分比	九宫格展示（3 × 3）	方差分析：跨业务单元或层级的比较
高潜力 / 绩效的确认	6~9 评分的百分比	业务单元或层级的条形图	方差分析：跨业务单元或层级的比较
评估结果	胜任力评估分数的平均值；突出优势与差距	业务单元或层级的条形图	方差分析：跨业务单元或层级的比较
胜任速度	达到胜任工作所用的平均时间量	业务单元或层级的条形图	方差分析：跨业务单元或层级的比较
支持者满意度—领导者负责输入	对每一个调查问题的通常回应	领导做的条形图	方差分析：对领导的比较
离职调查结果	对每一个调查问题的通常回应	业务单元或层级的条形图	方差分析：跨业务单元或层级的比较
成果			
敬业度调查结果	对每一个调查问题的通常回应	领导或业务单元做的条形图	方差分析：对领导或跨业务单元的比较

（续表）

测量维度	描述	展示：数字仪表盘用的图	推论性统计
生产力	计酬时间（或部件生产）的平均数	领导或业务单元做的条形图	方差分析：对领导或跨业务单元的比较
90 天及 365 天的留用 / 离职率	90 天及 365 天的平均留用 / 离职率	业务单元或层级的条形图	方差分析：跨业务单元或层级的比较
收益率	平均收益	业务单元或层级的条形图	方差分析：跨业务单元或层级的比较

表 6-5 展示了案例中每个测度的基本分析计划。表中大多数工作关注描述性统计——计算 *N* 值、平均数，或对每个业务单元或层级进行九级式评估。使用关键绩效指标描述组织现有状态时，这些结果是必需的。

推论性统计在表 6-5 中也有记录。在下面的情况中，分析技术都是方差分析（ANOVA）。如在业务单元或层级之间，它用于比较各组平均数。尽管有时不必用统计学测试，方差分析也很有用。当和利益相关者分享结果时，有人会问："各组间的差异有统计学上的意义吗？"如果作过方差分析，就能肯定地回答有或没有。值得注意的是实用性也很重要，统计学上的显著差异可能是没有意义的。例如，三个业务单元的离职率分别为 8.6%、9.1% 和 8.8%。方差分析测试发现三个业务单元的离职有显著差异，这只是因为业务单元里人很多。（随着样本数量扩大，统计学显著差异的可能性也随之增大）。然而，这些离职率相对来说其实都很低，而且很接近。"真正的"或有意义的差异应该在 5% 到 10%。在讨论中，利益相关者会帮助判断这是否是有意义的差异。

额外的推论性和预测性统计会在本章稍后讨论。

现在，回顾第四章和其中的列表，结果已经高度集中起来了。下一步就是为每个指标绘制额外的表格，反映每个业务单元的价值。图 4.1 显示了本季度每月空缺岗位和填补岗位的数量。图 6.3 和图 6.4 按业务单元更加细化地展示了每个指标。图 6.5 展示了每个业务单元招聘员工的平均成本。

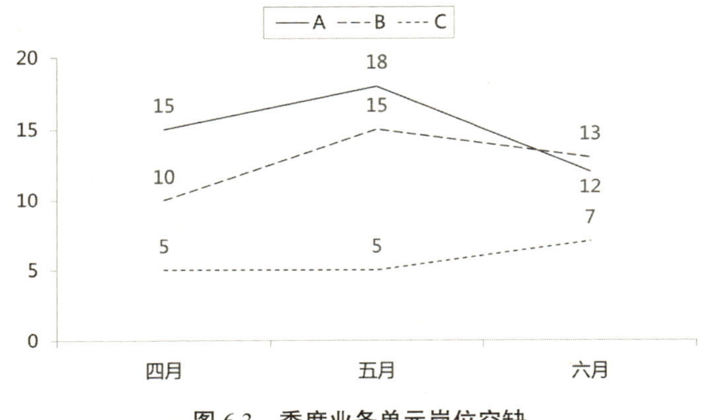

图 6.3　季度业务单元岗位空缺

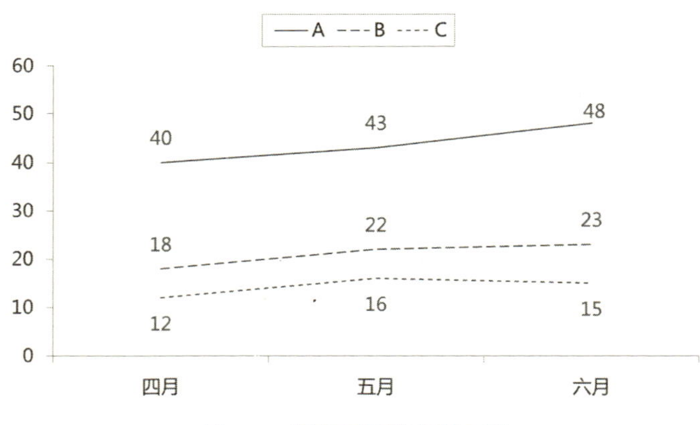

图 6.4　招聘周期的平均天数

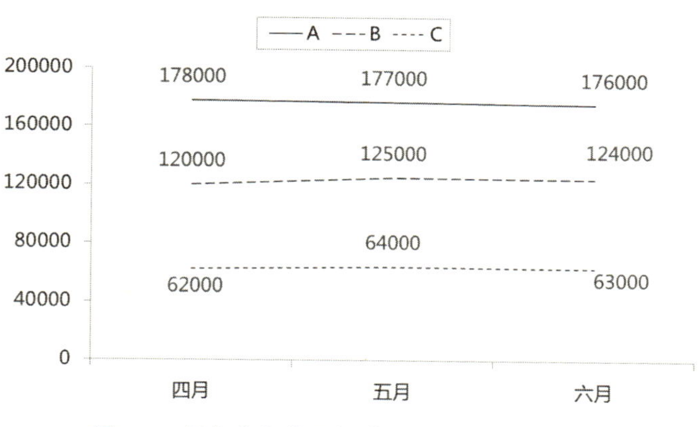

图 6.5 每个业务单元招聘一名员工的平均成本

在流程中，各测量数据分析计划都可以完成。可以绘制如图 6.3 至图 6.5 的图表，用以形象地展现数据。在按利益相关者的偏好选择展示方式后，静态图表可以被转化为仪表盘，满足其他有需求的利益相关者，同时还能自动更新信息。

为了完成分析计划，应该检测结果的统计显著性。有一些软件可以帮助你，如 Minitab，MS Excel、SPSS、SAS 和 R。统计分析有时很复杂，如果你不具备这样的技能，可以在组织中寻找专业分析师，或者把这项工作外包出去。虽然统计分析本身很复杂，但是展示结果并不复杂。如果组别间存在统计学差异，可以在表中加一个星号（*）或用其他形式标注差异。在表格底部添加图例进行说明，如“业务单元 A 比业务单元 B 的显著性差异大得多”。最后，用信息指引行动。所以，当你向利益相关者呈现结果时，最好强调有意义的差别，从而使领导者能施以行动。

关系、优化和预测性分析

描述性统计的实际价值在于它们可以清楚地呈现当前的状态，从而引发对数据间关系的良性讨论。此外，这种讨论会引发一些问题，而问题又转为可以被测试的假设。

根据我们在第四章中的分析以及图 6.3 至图 6.5，产生了一些简单的问题：

- 为什么业务单元 A 需要比业务单元 B 和 C 招聘更多的人？
- 为什么业务单元 B 招聘到员工的时间更长？
- 为什么业务单元 A 和 B 的工资成本如此高？

根据其业务性质，这些问题很容易回答。业务单元 A 需要比业务单元 B 和 C 招聘更多的人，是因为业务单元 A 正在开发一条新的生产线，所以需要更多的工程师。业务单元 B 用于招聘员工的时间更长是因为招聘的是高级管理者，资源稀少且难以找到。业务单元 C 的工资成本很低，是因为大多数的职位都不需要高端专业技能。

数据也许会强调不同点，但是与利益相关者的讨论会让结果变得更有意义。

仪表盘的结果经常会让利益相关者询问一系列假设性的问题。

- 如果我们向图表区域外拓宽视野，会怎么样呢？
- 如果我们降低招聘标准，会怎么样呢？
- 如果我们提高薪酬标准，会怎么样呢？
- 这些变化会引发对效率测量的进步吗？
- 在金钱方面，缩短招聘时间的收益是多少呢？

这些假设性问题都很宝贵。领导者提出这些问题后，可以更加高效地进行管理。他们也应该为了提高有效性测量而提出类似的问题。这个过程是布德罗和拉姆希达优化模型（Boudreau and Ramstad Optimization Model）的实践（如图 6.12 所示）。通过调整效率和效能测量，利益相关者可以优化组织绩效。

预测性分析

此时，现有数据引发了假设性问题，我们开始探索预测性分析领域。如果 X（效率）和 Y（效能）的输入发生改变，Z（成果）会怎么样呢？这个模型可以应用于业务的各个方面，包括人力资源管理。如果业务单元 B 降低了招聘标准（效能），就能提高效率（缩短招聘时间）。但只顾效率的招聘会产生一些意料不到的恶性后果。从长期来看，低质量的招聘可能会减少有效成果（低质量的产品或者创新性不足的产品）。“快速”招聘，而不是“最优”或“优质”招聘，可能并不能带来人员晋升所需的管理技能，这条鸿沟又需要用发展技能或招聘新人来填补。

预测性分析基于变量间的关系，目的是回答难题，例如，如果 X 和 Y 的输入发生变化，Z 会产生怎么样的变化？它使用现有数据预测未来，有时准确性是很高的。

根据图 6.6 中的现有数据，我们可以使用推断性统计来理解效率、效能和成果之间的关系。虽然我们只需简单地观看图表和结果就能得出结论（如业务单元 A 的招聘周期更长，从而导致达到胜任能力的速度更快和招聘质量更高），但是预测性分析有以下几个好处。

- 找到最佳预测因子，减少不相关的预测因素；
- 量化预测因子的影响，确定预测因子使成果测量上升或下降的程度；
- 提供数学模型，描述现有状况；
- 预测未来价值。

图 6.6 展示了本章稍后的预测性分析中的数据集合。

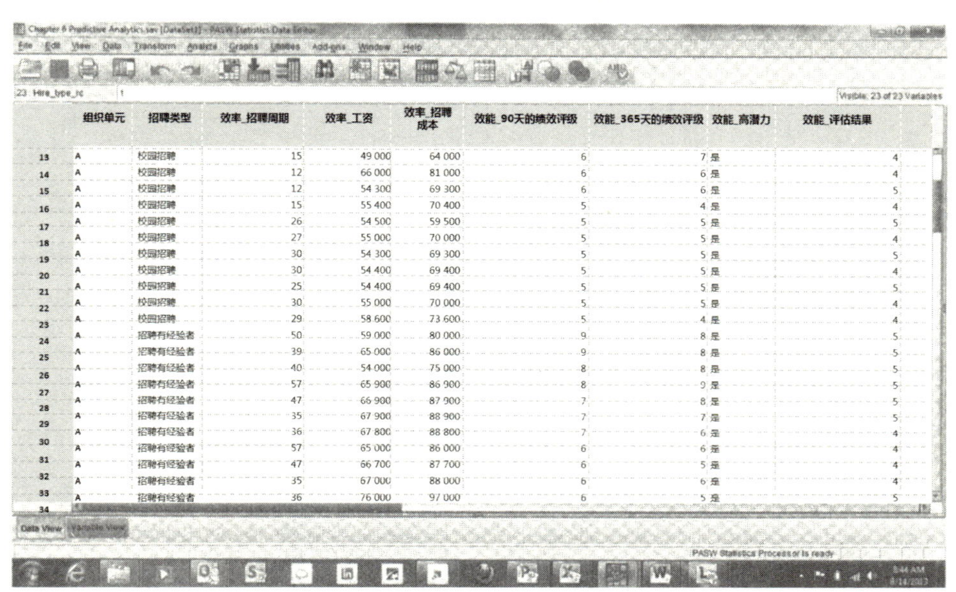

	组织单元	招聘类型	效率_招聘周期	效率_工资	效率_招聘成本	效能_90天的绩效评级	效能_365天的绩效评级	效能_高潜力	效能_评估结果
13	A	校园招聘	15	49 000	64 000	6	7	是	4
14	A	校园招聘	12	66 000	81 000	6	6	是	4
15	A	校园招聘	12	54 300	69 300	6	6	是	5
16	A	校园招聘	15	55 400	70 400	5	4	是	4
17	A	校园招聘	26	54 500	59 500	5	5	是	5
18	A	校园招聘	27	55 000	70 000	5	5	是	4
19	A	校园招聘	30	54 300	69 300	5	5	是	5
20	A	校园招聘	30	54 400	69 400	5	5	是	4
21	A	校园招聘	25	54 400	69 400	5	5	是	5
22	A	校园招聘	30	55 000	70 000	5	5	是	4
23	A	校园招聘	29	58 600	73 600	5	4	是	4
24	A	招聘有经验者	50	59 000	80 000	9	8	是	5
25	A	招聘有经验者	39	65 000	86 000	9	8	是	5
26	A	招聘有经验者	40	54 000	75 000	8	8	是	5
27	A	招聘有经验者	57	65 900	86 900	8	9	是	5
28	A	招聘有经验者	47	66 900	87 900	7	8	是	5
29	A	招聘有经验者	35	67 900	88 900	7	7	是	5
30	A	招聘有经验者	36	67 800	88 800	7	6	是	4
31	A	招聘有经验者	57	65 000	86 000	6	6	是	4
32	A	招聘有经验者	47	66 700	87 700	6	5	是	4
33	A	招聘有经验者	35	67 000	88 000	6	6	是	4
34	A	招聘有经验者	36	76 000	97 000	6	5	是	5

图 6.6 预测性分析的数据库

数据分析始于计划。在这个案例中，计划是为了检测效率、效能和成果变量之间的关系。计划从最高的水平开始，即包含分析中的所有案例，然后转向分析子群，如业务单元 A、B、C 或校园招聘（如应届毕业生）与社会招聘（如有工作经验的候选人）。

推荐三种分析技术：相关性；回归；结构方程模型。

相关性是三种技术中最简单的。它检测两个变量间的关系。回答的问题是：如果 X 的值增加，Y 会怎样变化？如果 X 每增加 1，Y 都增加 1，两者之间就存在着完美的正相关。相关性由统计数值 r 描述，r 值范围为 -1 到 +1。零值表示无关。-1 表示随着 X 的增加，Y 按比例减少；+1 表示随着 X 的增加，Y 按比例增加。

例如，回顾高中，每个人的平均绩点（GPA）和他的标准化测验成绩（如美国大学入学考试（ACT）成绩和学习能力倾向测试（SAT））相关性极高。也就是说，如果学生的平均绩点（GPA）很高，那么他的学习能力倾向测试成绩（SAT）也极可能很高。出于许多原因，完美的相关关系很难出现：学校中有些好学生在标准化测试中表现得并不好；有些学校的课程要比其他学校的难；有些老师比其他老师打分高。尽管有这些原因，两个分数之间还是存在着很强的相关性。同样，我们可以期待同一业务单元的招聘时间和招聘质量之间有很强的相关性（如花费更多的时间会使招聘质量更好）。

图 6.7 显示了 2012 年奥本大学申请人平均绩点（GPA）和美国大学入学考试 / 学习能力倾向测试（ACT/SAT）分数的相关性。这个图表的信息量很大。它显示了平均绩点（GPA）和美国大学入学考试 / 学习能力倾向测试（ACT/SAT）分数的散点分析。关系非常清楚：美国大学入学考试 / 学习能力倾向测试（ACT/SAT）分数低的学生往往平均绩点（GPA）也低；同样，美国大学入学考试 / 学习能力倾向测试（ACT/SAT）分数高的学生平均绩点（GPA）也高。另外，这个图反映了哪些学生被录取、哪些学生被拒绝、哪些学生成为候补以及哪些学生被接受但并不会入学。在本图中，已经展示了最后的决定（接受或拒绝）。

图 6.7　美国大学入学考试 / 学习能力倾向测试分数——奥本大学

资料来演：Cappex.com About.com College Admissions. Used with permission.

有趣的是，图表 X 轴显示的是美国大学入学考试 / 学习能力倾向测试（ACT/SAT）分数，Y 轴显示的是平均绩点（GPA）分数。它暗示了美国大学入学考试 / 学习能力倾向测试（ACT/SAT）分数会影响平均绩点（GPA）。但由于平均绩点（GPA）经常在美国大学入学考试 / 学习能力倾向测试（ACT/SAT）分数之前测定，所以他们才应该被列在 X 轴。这引出了相关性的一个要点——相关性只是简单量化了两个变量间的关系。虽然相关性暗示 X 导致 Y，但是事实上可能是这样，也可能不是这样。想象一下心脏疾病：年龄与心脏病有相关性，但年老并不是诱因。诱因是不健康饮食或肥胖，两者都会引起动脉硬化（心脏动脉血管阻塞），心脏供血不足并缺氧，就会引发心脏功能衰退。相关性暗示因果关系，但并不等于因果关系。图 6.8 代表平均绩点（GPA）和美国大学入学考试/学习能力倾向测试（ACT/SAT）分数的相关性。双箭头代表二者在两个方向上都有关系，单箭头代表因果关系，如图 6.9 所示。

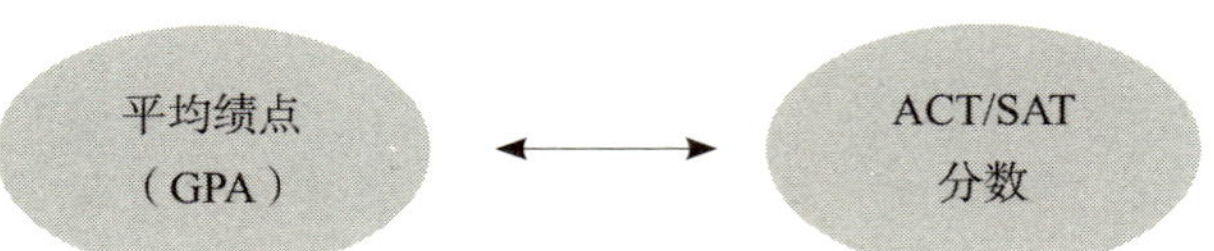

图 6.8　可能预测 ACT/SAT（美国大学入学考试 / 学习能力倾向测试）分数因素的相关性模型

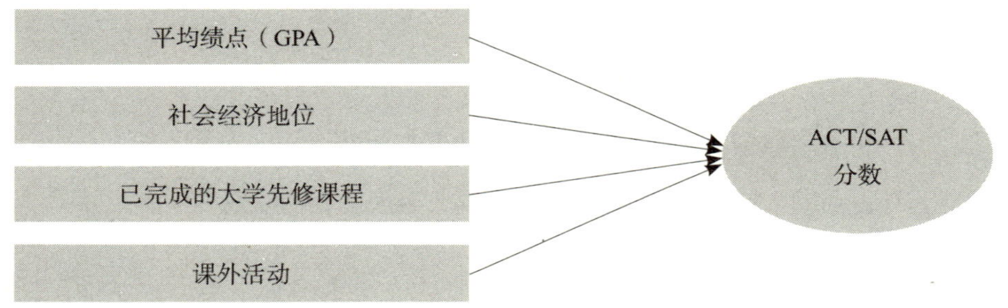

图 6.9　预测 ACT/SAT（美国大学入学考试 / 学习能力倾向测试）分数可能因素的回归模型

最后，我们需要理解原因。什么因素导致高质量的招聘以及顶级人才的留任呢？在《大数据时代：生活、工作、思维的大变革》一书中，迈耶 - 舍恩伯格和库克耶认为相关性有助于描述状态，但并不一定要描述产生这种状态的原因，而这往往已经足够了。

多元线性回归是比相关性稍高级的一种技术，但它们是基于同一原理的，即检验变量如何共变，主要区别是对多个同时发生的预测因子的使用。为了预测学习能力倾向（SAT）测试分数，需要使用数个变量，如平均绩点（GPA）、社会经济地位、已完成的大学先修课程、课外活动，等等。同样，预测新员工质量也需要几个变量，包括招聘时间、学历、学校、专业、工作经验、从业经验、就业时长等。

回归检测各个变量间的相关性，选出与结果变量的最强相关项（如生产力或盈利能力）。它也要去除预测变量间的重叠，从而使每个变量的预测能力都是唯一的。这样看来，回归优于相关性，因为它量化并对结果唯一的预测变量进行排序。图 6.10 所示的回归模型描述了学习能力倾向测试 / 美国大学入学考试（SAT/ACT）分数的驱动力。

另一种统计技术，**结构方程模型**（SEM）是一种同时检验多种假说，并指出因果关系的好技术。它基于验证性因素分析并要求大量的数据集合。结构方程模型比回归更加复杂，它使用专门的软件，如 Lisrel 软件或 AMOS 软件。如果数据经得起检验，我们更推荐结构方程模型，因为它可以建立最适合各变量关系的模型，提供多因素彼此之间相互影响的可靠信息以及结果测量。对于影响高中成绩和美国大学入学考试 / 学习能力倾向测试（ACT/SAT）分数的因素，图 6.10 提出了一个假设性结构方程模型。

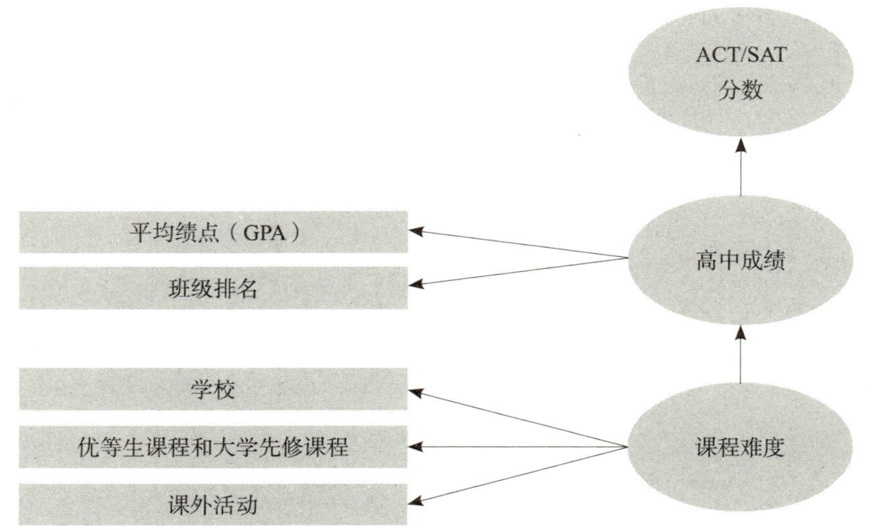

图 6.10　表明 ACT/SAT（美国大学入学考试 / 学习能力倾向测试）分数可能预测因素的假设性结构方程模型

解读结果

统计技术提供了宝贵的结果，但它们需要经过解读才能变得有用。

1. 相关性

相关性分析能够清楚地看出数据集合中关键变量间的关系。在我们检验关系之前，提出假说非常重要，至少应该在我们的脑海中构建出预期的测量中的关系。

我们可以预期数个指标紧密相关，如 90 天和 365 天的绩效评级。另外，新员工工资和招聘成本也应该相关，因为工资是招聘成本的一部分。我们还可以预期高潜能状态、能力测评分数和胜任速度也是类似的情况。关键问题是：这些变量和个人生产力乃至盈利能力是怎样相关的？表 6-6 使用统计数值 *r* 显示了变量间的关系。数值范围为 -1.00 至 +1.00。最靠近 -1.00 或 +1.00 则代表相关性最强。

图中的斜体数值显著相关。例如，招聘成本（第三行）和工资（第二列）的相关性达到 0.999，几乎是完全相关。招聘周期（第一行）和工资（第二列）是正相关，但相关性不高（接近零），并不显著。最后，标有下划线的两个数值几乎是显著相关，接近 0.05 的显著性水平。图中由左上角至右下角的对角线显示数值 1，表示每个测度和它自己的交点。每个测度和它自己都是完全相关的。由这些数字 1 组成的对角线下的三角形区域内的数值和对角线上的三角形区域内的数值为镜像反映。

以下是对表中数值的简单解读：

- 除了工资、招聘成本和敬业度调查评级，**招聘周期**和所有测量指标都相关。特别要注意的是，招聘周期和胜任速度呈负相关。即随着招聘周期减少（投入在招聘工作上的时间越少），员工的胜任速度反而越慢（员工入职后要胜任岗位能力要求所花费的时间就越长）。也就是说，匆忙招聘可能会导致招聘质量的下降。
- **工资**只和三个变量相关：招聘成本、离职调查评级和盈利能力。招聘成本和盈利能力与工资呈代数变化，所以我们可以期待这些

表 6-6 变量相关性

关键绩效指标	招聘周期	工资	招聘成本	90 天绩效评级	365 天绩效评级	评估结果	胜任速度（天）	支持者满意度	离职调查评级	敬业度调查评级	生产力	盈利能力
招聘周期	1	0.052	0.065	*0.633*	*0.556*	*0.398*	*-0.326*	*0.201*	*0.587*	0.140	*0.537*	*0.386*
工资	0.052	1	*0.999*	-0.170	-0.046	0.105	0.024	0.070	*-0.568*	0.029	-0.006	*0.514*
招聘成本	0.065	*0.999*	1	-0.168	-0.046	0.100	0.022	0.062	*-0.569*	0.024	-0.002	*0.512*
90 天绩效评级	*0.633*	-0.170	-0.168	1	*0.915*	0.695	*-0.746*	*0.449*	*0.851*	*0.341*	*0.848*	*0.468*
365 天绩效评级	*0.556*	-0.046	-0.046	*0.915*	1	0.714	*-0.686*	*0.492*	*0.838*	*0.334*	*0.864*	*0.548*
评估结果	*0.398*	0.105	0.100	*0.695*	*0.714*	1	*-0.749*	*0.726*	*0.809*	*0.492*	*0.747*	*0.585*
胜任速度（天）	*-0.326*	-0.024	-0.022	*-0.746*	*-0.686*	-0.749	1	*-0.555*	*-0.865*	*-0.264*	*-0.750*	*-0.503*
支持者满意度	*0.201*	0.070	0.062	*0.449*	*0.492*	0.726	*-0.555*	1	*0.732*	*0.339*	*0.572*	*0.467*
离职调查评级	*0.587*	*-0.568*	-0.569	*0.851*	*0.838*	0.809	*-0.865*	*0.732*	1	0.525	*0.799*	*0.714*
敬业度调查评级	0.140	0.029	0.024	*0.341*	*0.334*	0.492	*-0.264*	*0.339*	0.525	1	*0.316*	*0.207*
生产力	*0.537*	-0.006	-0.002	*0.848*	*0.864*	0.747	*-0.750*	*0.572*	*0.799*	*0.316*	1	*0.617*
盈利能力	*0.386*	*0.514*	0.512	*0.468*	*0.548*	0.585	*-0.503*	*0.467*	*0.714*	*0.207*	*0.617*	1

变量也相关。令人惊奇的是，工资和离职调查评级呈负相关。

- **招聘成本**只和两个变量相关：离职调查评级（负相关）和盈利能力。招聘成本与工资之间可能存在函数关系。从逻辑上说，招聘成本对离职调查评级并没有很大影响。它与盈利能力相关，因为成本影响盈利能力，由此两者呈显著相关。随着工资总额的减少，组织的盈利能力将会上升。
- 除了工资和招聘成本，90 **天绩效评级**与所有变量都相关。它和胜任速度呈负相关。胜任速度越快（胜任所需时间更少），绩效评级会越高。
- 除了工资和招聘成本，365 **天绩效评级**与所有变量都相关。它和胜任速度呈负相关。胜任速度越快（胜任所需时间更少），绩效评级会越高。
- 除了工资和招聘成本，**胜任速度**和所有变量都相关，且都呈负相关。也就是说，更快的胜任速度（胜任所需时间更少）与更好的绩效之间有相关性。
- 除了工资和招聘成本，**支持者满意度**与所有变量都相关，它与胜任速度呈负相关。
- 除了敬业度调查评级，**离职调查评级**与所有变量都相关。尤其是，相关项数值都在 0.525 上下，也就表示存在关系。显著性测试显示：p 值为 0.054[①]，也就是说，统计的显著关系中，每个点少算了千分之四。事实上，我们可以把它看作一个有意义的相关性，即积极的敬业度评级往往会促进积极的离职调查评级。

- 除了招聘周期、工资、招聘成本和离职调查评级，**敬业度调查评级**与其他所有变量都相关。
- 除了工资和招聘成本，**生产力**与所有测量指标都相关，并与胜任速度呈负相关。
- **盈利能力**与所有变量都相关，与胜任速度呈负相关。

相关性分析描述了哪些测量指标具有相关性，但它并非总能表达得很清楚。表中包含了许多信息，我们很难辨别哪些相关是最重要的。这显然是相关性分析的缺点，尤其当测量指标数量太多时。

下一步是判断哪些变量为最强相关。与其观察所有的变量，不如想想最重要的两点：生产力和盈利能力。表 6-7 显示了各个测量指标与生产力的关系，表 6-8 显示了各个测量指标与盈利能力的关系。在每个表中，相关性按数值的降序排列，所以最强相关项在顶部。而且，统计学显著相关以斜体标出。

① 在许多研究领域，0.05 的 p 值通常被认为是可接受错误的边界水平。这里的 0.054 比这个值多了千分之四。

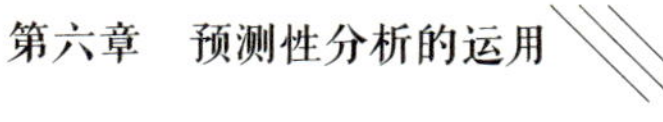

表 6-7　生产力相关性排名

关键绩效指标	生产力
生产力	1.00
365 天绩效评级	*0.864*
90 天绩效评级	*0.848*
离职调查评级	*0.799*
胜任速度（天）	*-0.750*
评估结果	*0.747*
盈利能力	*0.617*
支持者满意度	*0.572*
招聘周期	*0.537*
敬业度调查评级	*0.316*
工资	-0.006
招聘成本	-0.002

表 6-8　盈利能力相关性排名

关键绩效指标	盈利能力
盈利能力	1.00
离职调查评级	*0.714*
生产力	*0.617*
评估结果	*0.585*
365 天绩效评级	*0.548*
工资	*0.514*
招聘成本	*0.512*
胜任速度（天）	*-0.503*
90 天绩效评级	*0.468*
支持者满意度	*0.467*
招聘周期	*0.386*
敬业度调查评级	*0.207*

通过排序，我们很快可以看出绩效评级与生产力相关性最强。这是一个好兆头，说明经理对员工的绩效意见与其实际生产力是一致的。

特别要提出的是，表 6-8 中的胜任速度似乎格格不入，因为它是唯一的一个负数。然而，根据它的绝对值大小或相关性强度，它被排在其中，并被忽略了正负。同样，工资比招聘成本有更大影响，所以它的排名更靠前。

盈利能力与所有测量指标都显著相关。盈利能力与效能和成果测度有关联，因为它们与绩效相关。盈利能力也与效率测度有关联，因为它是通过生产力和工资的数学结合计算得来的。积极的离职调查分数与盈利能力关联性最强。这或许是出于两个原因：第一，当员工在离职前享受工作并对组织持积极看法时，他们的生产力往往很高，并且会对组织的盈利能力作出积极贡献；第二，当员工感到不快乐或员工与他的岗位不匹配、员工不喜欢所在组织时，他们的生产力往往会较为低下，并且也不会对组织的盈利能力作出贡献。

通过分析，我们关注了所有业务单元的所有案例。同样的分析可以在每个业务单元中重复进行，找出各单元间是否存在不同的相关性。在这个案例中，相关性并没有很大不同。

根据这些结果，我们可以看出关键指标之间存在着从中等到强的相关性。然而我们的测量可能还有冗余或重叠。对相关性数值进行排序能帮助我们理解关联，但它并不能帮我们找出预测能力中的重叠或冗余。这时就需要另外一个统计学技术：回归。

2. 多元线性回归

回归分析和相关性分析的类似之处在于回归也能检测变量之间的关系，但它会对成果最佳预测的测量指标进行分类，这一点它做得比相关性更好。在这个案例中，我们将预测盈利能力。

使用统计产品与服务解决方案（SPSS）软件，可以对数据集合进行回归分析，找出图 6.1 中哪些测量指标是盈利能力的最佳预测指标。分析对预测盈利能力提出以下数学模型：

盈利能力 = -28 248.06+692.06（生产力）

图 6.11 提供了一个图示。通过软件分析得出回归分析方程中 r^2 的值为 38%，表示生产力测量指标占盈利能力测量指标中的方差的 38%。

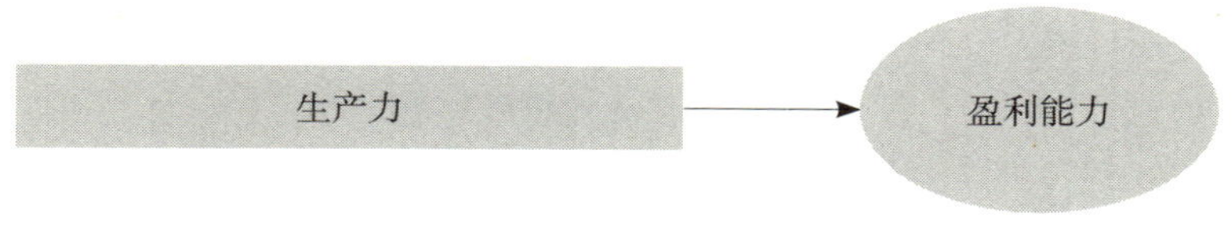

图 6.11　盈利能力的预测因素

这个方程表示盈利能力只有一个统计学显著预测变量，那就是生产力。从理论与实践的角度来说，这是我们能预期的。个人生产力产生盈利能力。假如投资者满意度或离职调查评级是盈利能力的最佳预测变量，那么结果就是出乎意料且没有意义的。

使用这个方程，我们可以用任何生产力分数预测盈利能力。

若生产力分数为 10，则会产生这样的利润：

-28 248.06+（692.06 × 10）= -21 327.46 美元

若生产力分数为 90，则会产生这样的利润：

-28 248.06+（692.06 × 90）=34 037.34 美元

因此，盈利用时只占计酬时间 10% 的员工会使组织花费超过 21 000 美元的成本。负值表示这个员工不能产生利润。盈利用时占计酬时间的 90% 的员工会为组织产生超过 34 000 美元的收益。这两者的盈利能力大大不同，相差 55 364.80 美元。

根据这个方程，我们可以很清楚地得出结论：生产力（以计酬时间来测量）与盈利能力是直接相关的，且呈正相关。

尽管我们很欣慰地得知生产力是盈利能力的驱动力，但这也引起了另外一个问题：生产力的驱动力是什么呢？这个问题也可以用回归进行回答。

当预测生产力时，我们以上提到的所有测量指标都可以用来预测。但要注意两个例外：离职调查评级和盈利能力。离职调查测量只有 14 个案例。如果使用这个测量指标，分析就只能局限在这 14 个案例之中。由于我们想要利用全部数据集合，即 100 多个案例，所以我们把离职调查指标排除在外。盈利能力被排除在外是因为我们推测，是生产力优势驱动了盈利能力，而不是盈利能力驱动了生产力。

图 6.12 提供了一个图示。通过软件分析得出回归分析方程中 r^2 的值为 81%，表示在测量中预测生产力的 4 个变量占测量方差的 81%。

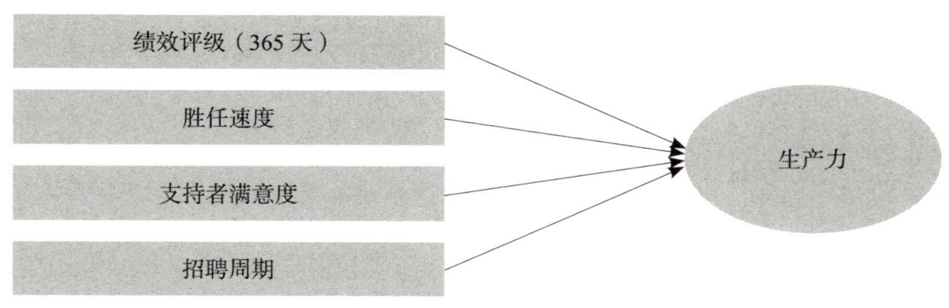

图 6.12　生产力的预测因素

4 个变量因素通过以下方式来预测生产力：

生产力 =34.74+5.62（365 天绩效评级）-0.12（胜任速度）+2.64（支持者满意度）+0.149（招聘周期）

根据这个方程，我们可以看出 365 天绩效评级是生产力的最佳预测变量。随着这个评级上升，生产力会增加。第二重要的预测因子是胜任速度。胜任速度越快（即用时越少）带来的生产力越高。第三位的预测因子是支持者满意度。这也许是一个多余的变量，因为它的本质和经理绩效评级非常相似，但从统计学方面来讲它还是增加了特有的预测能力。最后，随着招聘周期增加，生产力也在增加。也就是说，花费更长时间找到一位优秀的候选者要比快速找到一位次优的候选者对生产力的影响更大更好。

3. 解读 / 行动

从实践角度来讲，年度绩效评级是一个很强的预测变量。一位员工的年度评级与他的实际生产力紧密相关。然而，这个预测变量的适用性是有限的。为了预测某人的预期生产力乃至盈利能力而等上一整年是非常不值的。显然，在员工任期的前期阶段就出现的、能预测其一年后盈利能力的预测变量会更有用。胜任速度在这种情况下是非常实用的变量。从数据中可以看到，胜任时间平均为 90 天。所有在 90 天前就胜任的员工都很可能是生产力及盈利能力很强的人。所有需要超过 90 天才能达到胜任级别的人，可能就需要绩效支援或是直接被解雇。

支持者满意度评级并没有比年度绩效评级提供更多的信息。我们建议停止收集这个变量，从而节省时间和精力。

招聘周期指标提供了很好的信息。这个结果表明组织往往需要更长时间才能找到优秀的候选人。每多花一天时间寻找候选人，生产力分数就增加了 0.149。每多花一周时间寻找候选人，生产力分数则增加 1.0，或者说计酬时间增加 1%。每多花五周时间寻找最佳候选人，生产力会增加 5%。当然，这并不代表招聘者应该为了增长时间而拉长招聘过程，而是意味着，花费更多的时间来寻找更佳候选人是值得的，高质量需要时间来沉淀。

预测未来

假设人力资源管理者需要一个早期的预测因子来了解已被招聘的员工质量。根据我们从生产力回归分析得到的信息可知，两个早期指标会很有用，即胜任速度和招聘时间。在员工入职 90 天后，我们还没有办法

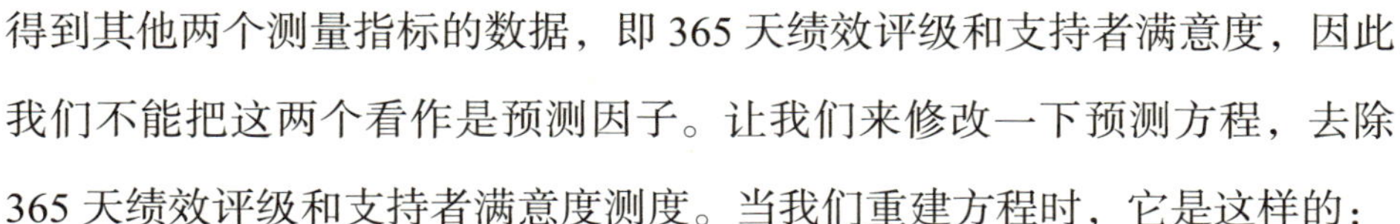

得到其他两个测量指标的数据，即 365 天绩效评级和支持者满意度，因此我们不能把这两个看作是预测因子。让我们来修改一下预测方程，去除 365 天绩效评级和支持者满意度测度。当我们重建方程时，它是这样的：

生产力 =83.23-0.30（胜任速度）+0.42（招聘周期）

使用这个预测方程和 5 位新员工的数据，我们便可以预测他们的未来生产力。表 6-9 显示了 5 位新员工入职 90 天后的价值。

新员工从 A 到 C 看起来很有前途。事实上，根据我们的预测，他们有 86% 甚至更多的时间都是创收的。新员工 D 和 E 没有预测分数，因为他们在 90 天时还没有达到胜任。这本身就说明这两位员工在第一年内无法成为优秀绩效者。他们的经理应该复核他们的绩效，为他们提供培训机会或将其解雇。

表 6-9　5 个新员工的生产力预测

新员工	胜任速度	招聘周期	预测的生产力
A	50 天	67 天	96.37
B	45 天	50 天	90.73
C	66 天	55 天	86.53
D	没有达到胜任	12 天	无
E	没有达到胜任	28 天	无

表 6-10　3 个新员工的盈利能力预测

新员工	胜任速度	招聘周期	预测的生产力	预测的盈利能力
A	50 天	67 天	96.37	38 446 美元
B	45 天	50 天	90.73	34 543 美元
C	66 天	55 天	86.53	31 636 美元

表 6-10 进一步扩展了我们的预测，计算出了我们对 3 位高绩效试用员工预估的盈利能力。

每位新员工的预测盈利能力都超过了 30 000 美元。因为盈利能力这一指标包括工资和福利，而这些数值直接代表了收益底线。

通过分析，我们关注了所有业务单元中的每个案例。同样的分析可以在每个业务单元中重复开展，找出各单元间是否关系不同，而上述案例间的关系并没有显示出很大的区别。

你也许想知道为什么你费了这么大力气阐述常识问题——胜任速度是生产力良好的预测因子。其价值就在于我们可以尽快预测绩效，并提高管理员工的能力。根据预测，新雇员 D 和 E 可能需要绩效支援，如培训、训练、工作辅助或其他方法。又或者，他们需要被解雇。这些早期干预可以有效提高个人绩效、增强生产力、帮助员工尽早明确职业发展方向，并持续提高组织绩效。

结构方程模型

结构方程模型可以比其他统计技术提供更多信息。回归仅仅合并了统计学的显著预测变量，从模型中除去了不显著预测因子，但结构方程模型可以保有模型中的所有测量指标。它也能同时检验多个预测关系。通过回归，我们首先预测了盈利能力，然后预测了生产力。通过结构方程模型，我们可以建立模型，一次性检验所有变量之间的因果关系。图

6.13 展示了假设的结构方程模型，包含了所有我们已经检测的测量指标。

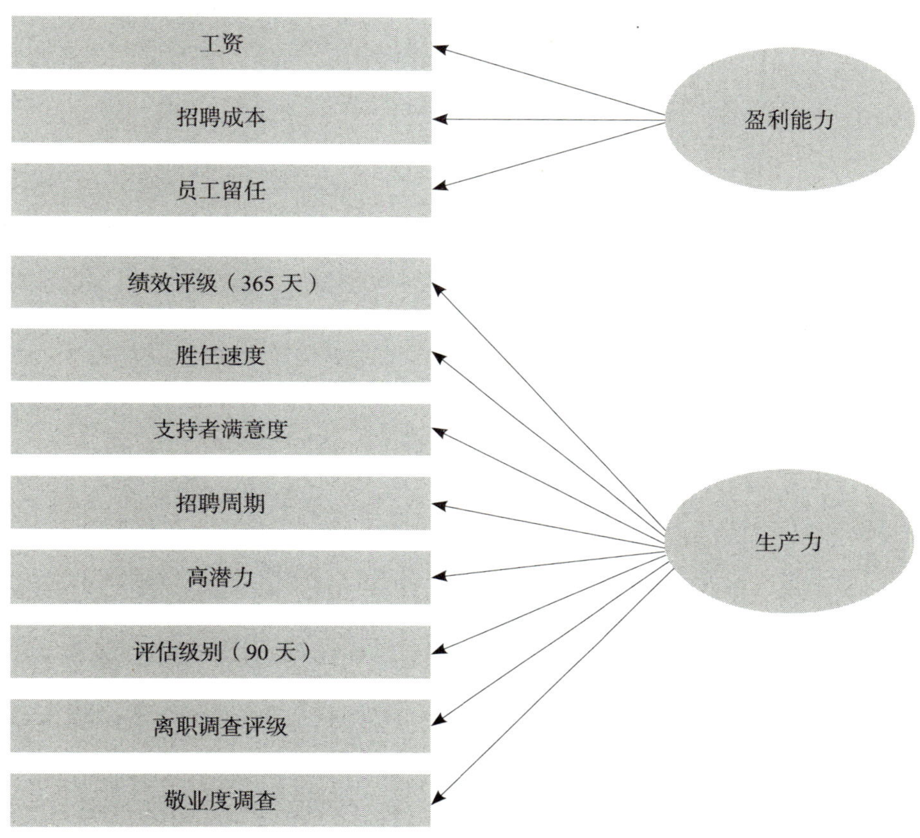

图 6.13　假设性结构方程模型

图 6.13 只是一个例子。这个模型没有经过数据集合检验，因为案例数量尚未达到一个可靠分析所需要的量。然而根据这个模型，我们可以看出所有可以预测盈利能力的测量指标。图中的箭头路径表示效率测量指标（工资和招聘成本）可直接预测盈利能力，效能测量指标可预测生

产力，从而预测盈利能力。这些结果并没有实质性地改变我们对预测变量的解读或改变我们将采取的行动（关注胜任速度和招聘周期）。这个模型的作用就在于它的简单性。通过一张图就可以展示出因果关系路径和盈利能力的预测因子。

要挖掘数据获得信息，就需要为了分析去收集并组织数据。你需要的数据可能来自你的部门之外。所以很重要的一点就是遵循规则：请求数据时，要确保具体说明了文件类型（如 .csv，.txt 等）和结构（如垂直或交叉表）。在分析中，申请过程和重组数据集合（如果你没有得到理想的结构）通常都是很耗费时间的步骤。如果你之前没有做过，一定要在项目计划中留出充足的时间。

一旦收到数据，你就要开始制订数据分析计划，并指定你要用哪一种统计分析类型来回答每一个问题。大多数商业分析师都可以开展描述性统计。对于更复杂的分析，如相关、回归、结构方程模型，就需要聘请统计学家了。

在这个流程中，始终不要忘了最终目标：为决策提供可用信息。

Chapter 7

PREDICTIVE ANALYTICS FOR HUMAN RESOURCES

PREDICTIVE ANALYTICS FOR HUMAN RESOURCES

PREDICTIVE ANALYTICS FOR HUMAN RESOURCES

PREDICTIVE ANALYTICS FOR HUMAN RESOURCES

第七章

PREDICTIVE ANALYTICS FOR HUMAN RESOURCES

预测人力资本分析的未来

PREDICTIVE ANALYTICS FOR HUMAN RESOURCES

PREDICTIVE ANALYTICS FOR HUMAN RESOURCES

PREDICTIVE ANALYTICS FOR HUMAN RESOURCES

PREDICTIVE ANALYTICS FOR HUMAN RESOURCES

PREDICTIVE ANALYTICS FOR HUMAN RESOURCES

大数据会改变每个行业的形势，这是一个全新的思考方式。

——ICGX 公司的大数据广告

本章在第六章的基础上，为统计方法提供了额外的例证，目的不是吓跑对统计了解不多的人，而是为了展示这个分析工具的强大力量，以及它如何运用在人力资源管理中（我们相信将会）。一旦你理解了何时运用一个统计分析是有用的，你就可以从外部招聘人才，或者在公司内部借用人才了。

通往控制分析的道路是很漫长的，且抵达目的地也并不是最终目标。临时目标是能够在这条道路上带领随行的团队和组织前进并蓬勃发展。最终目标是使你能够为组织增加的价值达到最优化。我们希望本书能够在这方面为你提供深刻的见解，可以使你的艰苦跋涉变得顺利一些。

这一章聚焦于未来。对于人力资本分析，我们希望能够提供一些深刻的见解，是关于你能预期到在不久的未来会面对的并要着手为之准备的。

未来看起来什么样

为了面向未来，我们有必要关注其他四个研究领域，并从中寻找可以促进人力资本数据发挥作用的见解。这四个领域分别是：

1. 金融：商业标准和组织估价；
2. 数学：混沌理论；
3. 信息技术：大数据；
4. 建立自动反馈的流程：决策支持。

1. 金融：商业标准和组织估价

正如前面章节讨论的一样，组织可以使用人才发展报告原理（TDRP）的框架来收集和报告人力资源的标准测量指标，以便企业领导者容易理解，并在决策时使用。在不久的将来，更多组织会开始采用这个框架，用可测量的方式将人力资源管理变得更加合理。这个框架在概念上很简单，但足够广阔，可以跨行业应用。另外，这是一个标准化的方法，可以用来对标和作比较。

十余年来，华尔街的金融和会计专家一直在努力寻找量化无形资产价值的方式。传统资产估值关注公司的"砖块和泥浆"这类有形资产，用来判断一家公司的价值。商业的有形资产，如建筑物、设备、产品、存货、传输管线等，在过去判断公司价值时被赋予最高的权重。随着发达国家向知识型经济转变，现在，商业的无形资产对于一些企业来说，代表了 60%，甚至 80% 的商业价值。专利、研究开发、品牌，以及员工等，都是促进企业发展、创造竞争优势的无形资产。对于会计师来说，存货清单是很容易计算和估价的。但对于知识型资产进行评定和估价，就没有那么容易了，尤其是当劳动力的智囊团作用有限时。类似人力资本管理机构的组织正在尝试创建一个人力资本测量的分类系统，来帮助会计师判定无形资产的金融价值。1992 年，加里·贝克尔因为在人的行为上应用宏观经济学，如歧视、教育追求和家庭互动而获得诺贝尔经济学奖。在那个时候，股票市场主要是对有形资产进行估价。图 7.1 展示了当今企业估价如何越来越多地受到人力资本的影响。人才发展报告原理框架是评价人力资本无形价值的一种可能方式。出于这个原因，在未来华尔街和其他金融中心评估企业的市场价值时，人才发展报告原理也许会被广泛应用。

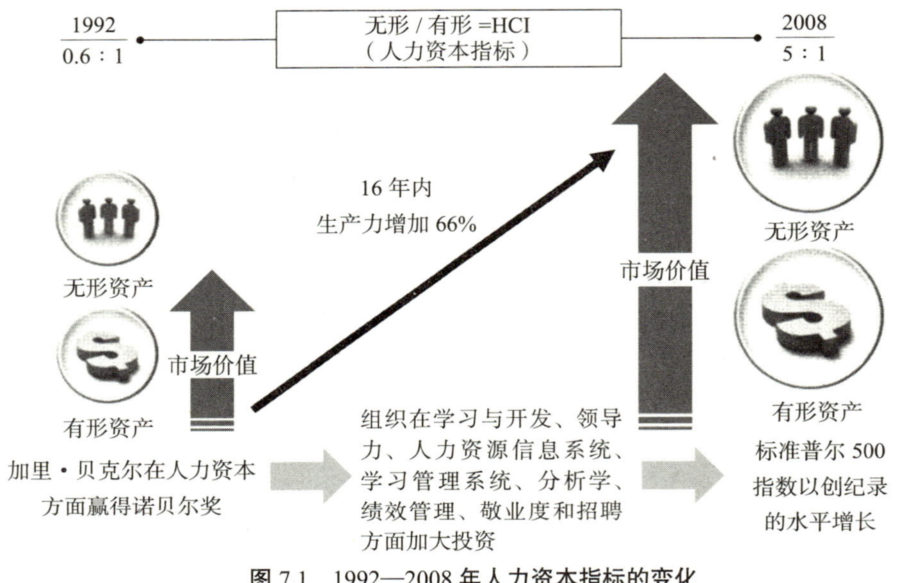

图 7.1　1992—2008 年人力资本指标的变化

资料来源：2009 KnowledgeAdvisors Presentation on Building the Business Case n Economic Uncertainty. Used with permission.

2. 数学：混沌理论

1987 年，詹姆斯·格莱克写了一本有关数学理论并具有转折意义的书，书名叫《混沌学传奇》。在这一卷书中，他整合了不规则几何学、奇异吸引子和蝴蝶效应这几个看似根本不同的数学思想。小说《侏罗纪公园》的作者迈克尔·克莱顿使这些复杂的数学思想更容易被一般大众所理解。格莱克把这个理论讲得更明白，他指出看似混乱的数据库中隐藏着可测量的有序模式。

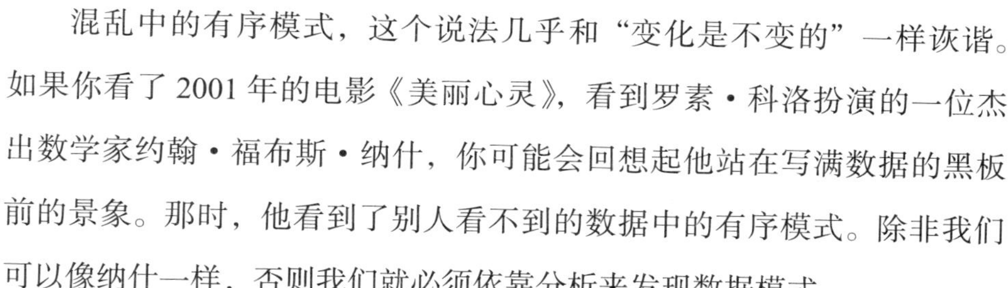
混乱中的有序模式，这个说法几乎和“变化是不变的”一样诙谐。如果你看了2001年的电影《美丽心灵》，看到罗素·科洛扮演的一位杰出数学家约翰·福布斯·纳什，你可能会回想起他站在写满数据的黑板前的景象。那时，他看到了别人看不到的数据中的有序模式。除非我们可以像纳什一样，否则我们就必须依靠分析来发现数据模式。

一个结合了人力资源和水车的案例可能会对你有所帮助。

人力资源主管在管理企业的人力资本时会面临令人畏惧的挑战。当企业试图保持团队的高生产力，却面临社会人口统计学数量过于庞大的挑战时，领导必须要：

- 收集并分享来自年长和退休员工的知识；
- 满足多个年龄层的员工的需求；
- 与多种语言的员工进行交流；
- 使分散的、国际化的、虚拟的劳动力的生产力达到最大化；
- 和海外的或外包的合作伙伴协调经营。

大量会带来影响的且不断变化的外部因素增加了这些挑战——如变动的经济、人才争夺战，以及对于X世代、Y世代和千禧一代群体不断改变的态度——并使描绘出合适的进程更加困难。难怪员工的低落和流动总是看起来混乱、不可控。

这是混沌理论开始变得实用的地方。

请你用一分钟的时间在互联网上搜索一下“水车”。我们建议使用术语“混乱的洛伦兹水车”。你可能会发现一个简单的视频链接。这不是一个标准的几百年前用于磨坊或锯木厂的水车。这个机械装置使用在水源下面经过的水桶，水桶在装满水时获得重量和速度。然而，水桶在底部也有洞，所以流入的水也会被缓慢释放。这个入水和出水的结合在水车上制造了一个混乱的节奏，表面看起来并没有循环。但请注视这个水车一段时间（很难不被催眠）。它以相当快的速度向前转动，然后变慢甚至反转方向。图 7.2 展示了影响水车入水和出水的静态示意图。

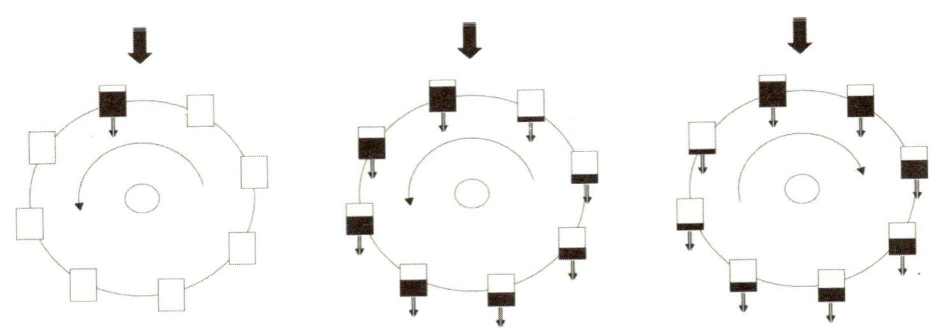

图 7.2　水车入水和出水的示意图

你可能会问，这个水车对人力资源有什么用处呢？其实每一方面都有用处。如果把水车隐喻成一个旋转的门，将劳动力带入公司，并护送他们出去。这就是一个流入新员工并流出退休人员、轮岗者（跨公司部门）、终止合同者（包括自愿的和非自愿的）的溪流。这个溪流经常出现新员工的增加泛滥，也可能出现由于规模缩小而造成的大量非自愿的离职。重要的区分是企业循环的门并不是按照不变的速率旋转的。实际上，这种变化表面上看来是难以解释的。

建模是准确解释这种情景的唯一办法。

格莱克提出，数学的目标是揭示“在杂乱的数据流中隐藏的良好结构”。因为“混沌”的概念意味着难以建模的无限复杂性，对看似混乱的过程进行科学研究的最终目标是发现并定义隐藏的模式。一旦模式或结构被定义，它就可以被解释了。对任何系统来说都是这样，包括组织内的招聘循环。接下来，当起作用的因素得以解释时，它们就可以被控制。通过控制输入，就可以影响输出。因此，疯狂的招聘或解雇的旺季所导致的人员臃肿或人手不足的情况便得以减弱。通过控制极端的劳动力变动，组织能控制支出并增加效率、效能和盈利能力。

一个恰当的例子是20世纪90年代一家大型电子公司的跟踪验证，这家公司有着招聘和销量的不协调曲线：当销量下降时进行招聘，反之亦然。在4年的时间里，这家公司由于过度招聘和裁员而花费了大约10亿美元。最后，它的主要生产线（曾经排名世界第二）远远落后，并不得不以大甩卖的价格出售。这家公司最终在次关键产品的创新竞赛中落后，而且再也没能恢复过来。

我们如何建立一个水车模型，进而指导招聘呢？值得感谢的是，数学家已经为这个系统和其他系统建模数十年了。爱德华·洛伦兹因研究天气模式和提出“蝴蝶效应”——即使对系统的输入非常小，像天气这样的动态系统也可以发生戏剧性的改变——而著名，他也因创造了容器中热液对流模式的数学模型而著名。在二维度的空间中，最初的等式没有表现出任何模式。然而，当洛伦兹在三维度空间（X轴、Y轴和Z轴）

中勾画等式时，模式就出现了。

该模式被称为“洛伦兹吸引子”，并成为洛伦兹的主要荣誉之一。巧合的是，这个告诉我们蝴蝶效应的人也给了我们“洛伦兹吸引子”这样一个看起来像是一对蝴蝶翅膀的三维模型。该模型清晰地展现了一个模式。在互联网上搜索“洛伦兹运动吸引”会展示这个模式如何随着时间演变。动态图展示了水车的运动。它旋转得很缓慢，然后在一个小而紧凑的循环中加快，随后反向旋转来开始一个不同维度的小而紧凑的循环。在录像中展示多样的维度之前，我们很难完全理解其背后模式的复杂性。试着考虑一下，这个模式会如何影响你的招聘、开发和留住人才的意图。

我们希望你已经开始思考你的组织的招聘模式是什么样子。会是一个蝴蝶样的“洛伦兹吸引子”吗？也许是，也许不是。无论怎样，调查都是值得的。收集数据并创建一个数学模型。潜在的模式可能是简单的、线性的，也可能有一个对数的或动态的混乱结构。不管真实模式如何，可以确定的是，调查、建模并定义员工的流入流出模式并不是无聊的。如果说你没有时间关注这些模式，那么你的企业将在市场中竞争落后。

数学模型帮助我们定义、理解我们的世界。有时高级数学，像混沌理论，对于揭示数据下隐藏的结构是必需的。其他情况下，模式通过观察和简单分析较容易发现。最重要的是，对数据模式的调查，特别是对员工流入和流出的研究，可以提供深刻了解，并帮助企业开展行动，提升组织绩效、产品质量和人事流程的效率。

3. 信息技术：大数据

在 2012 和 2013 年，大数据在商业作品中变成了炙手可热的话题。美国管理协会的杂志《M 世界》和《哈佛商业评论》在 2012 年 10 月刊专门讨论了这个话题。（雅克曾受托为《M 世界》撰写“预测性分析和大数据”。）《大数据时代：生活、工作、思维的大变革》一书因为结合有意义和易于理解的例子很好地解释了这个问题，得以广泛传播。根据亚马逊网站的数据（2013 年 8 月），该书在信息管理类图书中获得销量第二名的成绩，在所有图书的销量排行榜中列第 1 622 名。图 7.3 展示了这个概念在谷歌的热门搜索中是怎样逐年增长的，特别是在过去这几年。

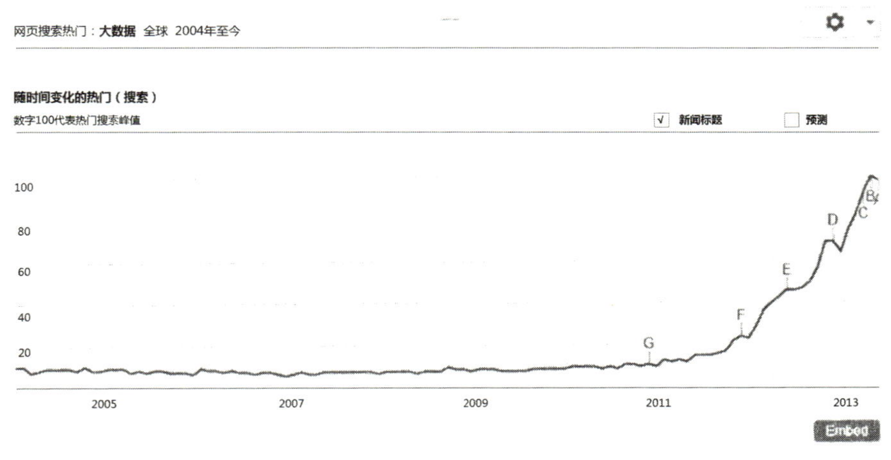

图 7.3　“大数据”术语在谷歌上的搜索情况

虽然这个话题从名字上看很简单，但其实问题复杂得多。行业中对于大数据的标准定义由以下三个数据特征组成。

1. **容量**。日常创造的数据量是巨大的。

2. **速率**。数据在收集和加工方面总在变化，且变化的速度和频率很难搞清楚。

3. **多样性**。数据类型和来源的范围正在扩大，使得标准分析非常困难。

除了数据的上述特点，这个话题的难点是如何提取信息用于决策。大量的数据集合为更为广阔的视野提供了机会。迈耶 - 舍恩伯格和库克耶在他们的《大数据时代》一书中引用了谷歌的一个项目。这家大型搜索公司的一个小组正在挖掘自己公司的巨大数据库，寻找与流感症状相关的内容。他们将这些结果和地理位置进行相关分析，以预测猪流感的爆发，结果非常准确，且比疾病控制中心使用的方法快了足足两个星期。

在人力资源管理领域内，人力资源管理实践的自动化和人力资源管理系统的巩固这两个事件正在促进大数据集的积累。信息技术系统使得商业过程变得极为高效。

- 学习管理系统储存课程、提供网上学习、追踪项目是否如约完成、登记管理、问题认证，甚至执行考核。
- 人才系统管理候选者申请、员工人口统计信息、工资信息、绩效回顾、晋升和其他许多方面的工作。

这些高效系统的副产品就是大规模的数据。

我们在人力资源管理软件产业已经看到了很多改变：

2004 年：普华永道公司收购了萨拉托加研究所；

2010年：SuccessFactors公司收购了InfoHRM公司和Plateau软件（一个学习管理系统）；

2011年：SAP公司收购了SuccessFactors公司；

2012年：IBM公司收购了肯耐珂萨有限公司。

我们可以预期，在不远的将来，人力资本会有一个能被证实的大一统理论。它将解释促使招聘、晋升和留住最佳人才的驱动因素。更重要的是，这个理论将通过无数的人力资源管理记录被检验、确认和修正。大数据会使分析忽略样本，关注大局——真正的大局。

由于个人系统和通过不断获取而进一步巩固的数据集，人力资源数据不断增长扩散。如今，很多人力资源组织有着大公司才具备的、只存在于科幻小说领域中的机会——看到一个可以贯穿员工一生的人力资源数据整合的全景图。

迈耶-舍恩伯格和库克耶很有说服力地提出，大数据使分析能够在宏大的规模上，揭示组织内部正在发生什么。在大数据时代，人们不再关注一个组织内部的部门或贯穿所有组织的样本，取而代之的是，大数据提供了全部数据（*N=all*）。在可能的情况下，所有可得的数据都应该被分析。使用标准的描述性统计，分析师能够描述当下的情况，并告诉领导者企业当下正在发生着什么。迈耶-舍恩伯格和库克耶还提倡使用相关性技术来检验策略指标之间的关系。他们推荐加入之前相互分离的数据，以便分析可以检验新的关系并测试新的假设。增加工资会带来员工更高的敬业度吗？投资发展基金或特别的项目来提高员工敬业度是更好的方法吗？招聘资源和招聘周期与一年后员工的工作质量相关吗？通过检验这些关系，分析师可以揭示组织内正在发生着什么。

在不远的将来，公司管理层的分析技能会变得更加精通。仅仅了解组织内正在发生什么是不够的，领导者会希望了解这些事情为什么发生。虽然相关性分析仍然有帮助，但它只是通往更高级技术的大门，如多层线性回归、结构方程模型、逻辑回归、连锁分析以及判别分析等。以下三件事将会为这个变化提供支持。

1. **领导者对于信息的渴求。**最高管理层很快就会厌烦描述性统计、数字仪表盘和相关性那些简单定义现状的方法。他们会希望开展预测性分析，根据预测结果来追踪未来的工作绩效。

2. **工具将是一应俱全的。**像 SAS 软件、R 软件、SPSS 软件、Minitab 软件这样的高级统计工具，甚至是 MS Excel 的一些功能，都将使得分析可以从“是什么”深入挖掘到“为什么”。这些工具现在已经可以通过各种方式获取到，但你可以想象到在未来，它们会和像 SuccessFactors 公司、SalesForce.com 网站或 Saba 公司这样的系统进行绑定，所以分析师不再需要下载数据到一个离线系统中进行分析。

3. **资源将是充足的。**2012 年 10 月，达文波特和帕蒂尔就公开表示，21 世纪最具吸引力的工作将是数据科学家（商业分析师、统计学家、数量分析专家和数据操作者）。你可能会问：“这是真的吗？”好吧，确实有这样的商业需要，不过也是由于他们文章的原因，这些信息才被公开推广，形成市场需求。另外，大学也会提供分析学位来回应这一趋势。汉

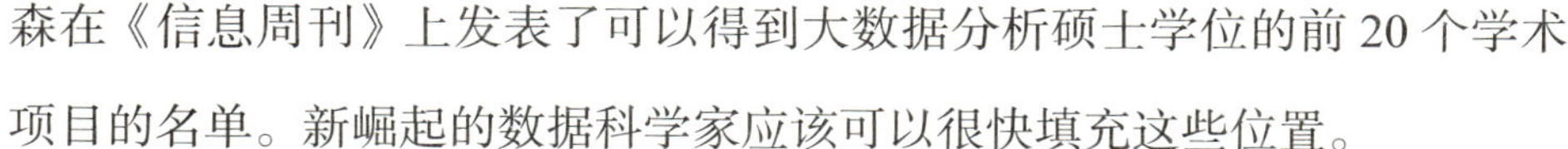

森在《信息周刊》上发表了可以得到大数据分析硕士学位的前 20 个学术项目的名单。新崛起的数据科学家应该可以很快填充这些位置。

4. 建立自动反馈的流程：决策支持

运动员通过训练提升成绩。他们观察自己的行为，并进行调整。如果他们不能观察自己的行为，那么他们会请一个教练评价自己的表现，然后制定调整目标。运动员由此来建立反馈循环，用以提升自己的运动表现。

在 2013 年的一次 TED 演讲中，拉菲罗 • D. 安德烈亚展示了他和科学家团队如何使得四轴飞行器（有四个旋翼的小型直升飞机）表现得像运动员一样。一个四轴飞行器可以在空中确定方向、平衡一个杆子、携带一杯水、将一个球击回给拉菲罗、配合他人在网里抓球，甚至作后空翻。像水车的案例一样，这个 TED 网站的视频引人入胜。虽然其背后隐含着数学上的复杂性，但过程是简单的：使用数学对飞行行为建模，然后围绕执行设立控制参数，监控执行，并提供不断的实时反馈循环（本案例中的实时为每秒 20 次）。

进程的不断改善并不新奇，企业目前也有多种形式的监控、反馈和行为循环。卡普兰和诺顿博士对平衡计分卡的引用就是这种反馈循环的完美实例。从上述提到的四个关键商业维度开始选择其业绩行为指标：财务、内部流程、学习成长，以及客户。数据被收集、分析并以计分卡的方式进行报告。领导者每个季度检查一次计分卡，并采取行动提升各项指标。人才发展报告原理框架也是一个在不断提升循环的过程中收集和报告数据的可行结构。

整合以上信息

在不远的将来，以下过程将在组织内发生。

- 信息技术部门会帮助人力资源部门整合人才系统，所以组织可以从各种各样的人才相关进程中获取数据。
- 人力资源从业者将会创造标准的计分卡，收集正确的数据（效率、效能、成果），进而显示人力资源管理对业务的影响。
- 人力资源部门内部的数据科学家将会使用高级分析方法评估“是什么”和“为什么”，为企业领导者提供深刻见解和决策参考。
- 人力资源部门会建立持续的、自动的反馈循环，为决策者收集信息，增加人力资源管理过程的效率和效能。

人力资源管理实践中的预测性分析

员工和人力资源管理者的对话将会发生戏剧性的转变。事实上，非自愿的离职将会消失，因为只有优秀员工才会被招进来并留住。人力资源管理中预测性分析的未来也许看起来就像下文描述的情景。

想象一下，你是一位刚入职的招聘人员，你正在陪着老师参加一对一的离职面谈，你向她学习。即将被解聘的员工——乔——走进房间。他知道自己将被辞退，但他并不愿意离开。他问了几个关于福利的问题，然后结束了面谈，离开了公司。尽管你是刚进入公司的人员，但你也知道他的情况。他因为可靠的绩效，有着很好的声誉。他有着专业性的亲切，被认为是团队的财富。当他离开后，你的老师问道："你有什么问题吗？"

"只有一个，"你答道，"您为什么解雇他？他的绩效好像还不错。"

"是的，"她继续说道，"他现在是有不错的绩效，但是他没有极好的绩效。他曾经是极好的，这也是他能在这里待 7 年的原因。"在说话的同时，老师在电脑上打开了一个文件给你看。"他的突出绩效持续了五年，第五年他得到晋升并获得大幅加薪。之后的两年，他的绩效却下降到了平均水平。"

"所以，在新岗位上表现出平均水平的绩效，是解雇一个人的理由？"

"不是，但是这份文件展示给我们很多选择。我上个月接到了一份来自人力资源管理系统的警告，乔有 75% 的可能性会为了竞争对手的一个新职位而离开。当他上周一申请了一天假后，这种可能性上升到了 95%——他可能是去面试新工作了。如果他在周三请假，我不会这么想，但是周一和周五一般是面试时间。"

“您刚才提到有选择，有很多选择。”

“是的，”她指着屏幕说，“我在一个线上资源系统中有账号。我上周上传了乔的工作档案，有 100 个候选者符合这个工作的要求。其中 90% 住在市区内，他们中的 20 个人挣的工资比乔低 25%，却比乔多 25% 的经验。其中 15 个是男性，5 个是女性。乔的小组的同事表示，他们想要一个女性领导，这也是增加团队多样性的一个机会。”她指着屏幕上的一个名字，“这是我的头号候选人。通常来说，新员工都会倾向于证明自己，所以她会比乔工作更努力，我们预期她会比乔多增加 21% 的生产力。如果我们可以以比乔低 19% 的工资聘用她，她就有 85% 的机会接受。”

“但是她住在市区外面，路程上会比较远。”

“如果我们给她每周一天作为弹性工作日，她接受这个工作的可能性会上升到 87%。如果我们允许她在家办公，只在召开重要会议的时候来办公室，这个可能性就会上升到 99%。”

然后你问：“我们什么时候面试她？”

“15 分钟内。”

“那我最好准备一下。”你边说边站起来，准备离开办公室。

“你在电子邮箱里会看到她的简历，刚发给你的。”

出门之前，你在门口停下来，问道：“我可以在面试前，看一下关于我的报告吗？”

她笑着说：“可以。我会在你的下一次绩效面谈时分享给你。有 90% 的机率你会留下来待到那个时候。”

结　语

预测是非常困难的，特别是对未来的预测。

——尼尔斯·玻尔（Niels Bohr）

未来是难以想象的精彩。想象一下未来几十年中，卫生保健、通信、商业、技术会有多先进！但是如果你想要了解未来，不要听信那些所谓的专家的话。他们在预测方面的记录实在令人遗憾。看看这些吧：

“通过电线传递人的声音是不可能的。”

——开尔文勋爵，英国皇家学会

“到底谁会愿意听演员说话呢？”①

——H·M. 华纳，华纳兄弟

“火箭永远难以离开大气层。”

——《纽约时报》（*New York Times*）编辑

① 这句话出自于1925年前后的默片电影末期。

"我认为全球市场只需要 5 台电脑。"

——托马斯·沃森，IBM 公司

"没有任何理由使人们想在家里放一台电脑。"

——肯·奥尔森，数字设备公司

"互联网很快就会衰竭。"

——罗伯特·梅特卡夫，以太网共同发明人

"远程购物，虽然是可行的，但是注定会失败。"

——《时代周刊》

"手机不会替代本地有线系统。"

——马蒂·库珀，发明家

"苹果手机没有机会得到任何显著的市场份额。"

——史蒂夫·鲍尔默，微软公司

显然，以上这些观点是没有价值的，因为它们试图由过去推断未来。自从 200 年前科学技术从工业革命中出现，改变和进步就成为了常态。让我们看看过去 20 年的几个关键事件。

■ 1990 年：第一次大规模裁员，终结了员工与企业的归属关系和终身招聘制。

- 1997 年：互联网狂热期间产生了一个新秩序，直到 2001 年破裂。
- 2008 年：流动性危机延长了在美国和欧洲产生的重置影响。
- 2000 年以后：个人电脑、手机、互联网、平板电脑的数量不断增长。
- 2004 年：社交网络改变了人们的通信手段，使首席技术官转变为风险管理者。

正如我们所知，重大事件会改变我们的生活。这就是为什么预测是脆弱的。因此，如果你并不想把思想局限在已经发生的事情上，而且自由发挥你的想象力，那么你的猜测就不会逊色于其他任何人。

如今，我们认为“进步”可以从更快更好的机器方面得到体现。从提花织机到苹果手机，一直利用的都是有关人的能力。每个发明都改变了我们的生活方式，然而，如果不看宇宙开发而只看地球的未来发展，这种看法就是过时的。因为我们已经度过了机器时代，正处在人力资本时代。不管你是否意识到，在职业中运用意识和潜意识进行提升，是新的竞争趋势。未来的生产杠杆作用不会通过一个新的通信机器而发生。现在已经有了关于大脑与大脑连接的初步研究，我们处在完全发挥人类智能力量的时代开端。所以，应该让我们提前思考这些方面。

2033 年会是什么样子？如果你现在小于 50 岁，那么很可能到那个时候，你还在工作。你可能在家工作，也可能在其他遥远的地点工作。但是有一件事是无可争议的，即在此之前，各种形式的分析将会是对经营和人力资本管理的常见微积分分析。微积分是变化的数学，而变化正是对宇宙不断诠释的过程。

在不远的将来，所有行政工作将会从头到尾直接由计算机完成。工资和福利将会根据一些客观目标来处理。大部分员工的手动操作将被移除。招聘需求将直接从招聘管理者发送到申请者数据库。反过来，申请/简历将会在面试或被拒绝前进行标准评分。

但是所有这些都不是我们的最终目标，这只是帮助我们更自由地进行深度思考、决策和沟通的方法。我们的最终目的是直接将人类智能应用在管理变革中。

如果人力资源管理者的角色仍然存在，它将聚焦在人力资本规划、发展和组织效能上。例如，一个更新更好的绩效评估的方式将会被开发，在这个方式下可能每个人都被规定了一个可达到的目标，系统将自动记录员工的工作表现，并自动打分。智能程序将会对员工绩效作出评估。同样 360 度绩效评估可能会被改进，用来提供一个客观的平衡。一个计算机将会收集全部数据，并对它们进行计分，同时包含对这些分数的智能解释。报告将会同时呈现给管理者和员工，并为未来的评估和规划保存为永久记录，用来提升绩效的发展规划也将被自动提供。所有这些都将在不需要人力资源管理部门人员操作的情况下发生。

对于预测性和规范性分析必然会被应用到充满竞争力的人才市场上，以及迎面而来的大数据问题，人们甚至不需要具备多少洞察力。因为对于这些动态趋势，人们只需要知道事实如此就可以了。如果人力资源管理者希望在谈判桌上增加价值和话语权，他们必须在日常工作中采用这些分析。

假设过去或现在什么都没有，然后让你的想象飞翔。你还没有发现做某些事可以有更好的方法吗？分析会帮你发现它。

第七章结尾的情景向我们展现了对未来的一瞥。

附　录

关于效率、效能和成果的测量示例

人才发展报告原理（TDRP）作为一个为企业领导构建和汇报结果的有效方法，在本书中被数次提到。更多的相关信息可以从人才报告中心的网站 www.centerfortalentreporting.org 中得到。目前，该中心拥有一套综合的、超过 600 个测度的数据集，被分为三类，如下表所示。使用人才发展报告原理的目的是找出并测量以下两点：（1）商业成果；（2）测量和分析的增值目标。一些与人才开发报告规则相关的测量在第四章、第五章和第六章中都有所提及。下面的列表更加复杂，但仍然只是可用的、总体中的一个小样本。对于任何组织来说，关键的步骤都是定义什么变量对成功最重要，同时开始收集它们进行监控和报告。

效率	效能	成果
空缺岗位数量	招聘质量	留任时长
招聘数量	招聘过程的质量	月度生产力
通过层级招聘	招聘者的服务质量	提升的工作周期
通过业务单元招聘	与工作匹配	对客户满意度的贡献
招聘平均成本	与企业文化匹配	提高质量
每次招聘的平均工资	绩效评级	销量增加

（续表）

效率	效能	成果
培训出勤数	高 / 低潜力状态	利润增加
接受培训次数	员工敬业度	提高项目质量
绩效提升计划	员工忠诚度	增加按时完成的项目
工作循环学习路径	项目经理能力	增加预算内的项目
国际性任务	指导的能力	提高效率
移动办公	接受指导的能力	成本节省
耗时 / 工作任务	员工开发	提高创新
成本 / 工作任务	创造标准流程	更快的产品开发周期

关于作者

雅克·菲茨恩兹博士被公认为是“人力资本战略分析和测量之父”。他建立了著名的萨拉托加研究所，1978年，他发表了第一个人力资源测量方法，并在1985年建立了第一个国际性的人力资源衡量基准。人力资源管理界将其视为五大“人力资源管理领袖”之一，国际人力资源信息管理协会授予他“创新主席奖”，美国人力资源管理协会推选他为21世纪“最深入改变人力资源做什么以及如何做”的人之一。他已经编著了13本书，发表了350多篇文章，给46个国家的90 000名管理者进行过战略管理和测量方面的培训。在他2010年写的书《新型HR分析》一书中，介绍了对人力资源的预测性分析。雅克博士获得了圣母大学的学士学位、旧金山州立大学的硕士学位和南加利福尼亚大学的组织交流博士学位。

约翰·R. 马托克斯二世博士是CEB公司的子公司KnowledgeAdvisors的研究主管。他负责从公司的Metrics that Matter软件系统中挖掘数据，以帮助内部和外部客户得出结论。在2010年3月加入KnowledgeAdvisors公司之前，约翰在毕马威会计事务所、普华永道公司和安达信会计事务所领导了培训评估团队将近12年。他为很多家杂志撰写了关于测量的文章，这些杂志包括《首席学习官》、《网络学习杂志》《培训与开发》和《培训行业季刊》。

约翰获得了孟菲斯大学实验心理学（计量和行业 / 组织相关的）的硕士和博士学位，现居田纳西州的富兰克林市。

词汇表

A	
ability to be coached,	接受指导的能力
ability to coach,	指导能力
ACT/SAT scores about correlation values between GPA and hypothetical structural equation model showing possible predictors of regression model showing factors that might predict	美国大学入学考试 / 学习能力倾向测试分数 关于 平均绩点与（美国大学入学考试 / 学习能力倾向测试分数）的相关值 能展示（美国大学入学考试 / 学习能力倾向测试分数）可能的预测因子的假设结构方程模型 预测（美国大学入学考试 / 学习能力倾向测试分数）可能因素的回归模型
amortization	摊销
analysis correlational data defined descriptive force predictive prescriptive reporting vs. staffing process	分析 相关性（分析） 数据（分析） （分析可被）定义为 描述性（分析） 作用力（分析） 预测性（分析） 规范性（分析） 报告与（分析）对比 招聘过程（分析）

（续表）

statistical test and	统计（分析） 测试与（分析）
analysis of variance（ANOVA）,	方差分析
analytic model,	分析模型
analytic value chain,	分析性的价值链
Analytics culture data set for predictive descriptive director of human capital human resource plan, basic predictive prescriptive unit unit development what is it?	分析学 文化 用于预测的（分析）数据 描述性（分析） （分析）主管 人力资本（分析） 人力资源（分析） 基本规划 预测性（分析） 规范性（分析） （分析）团队 （分析）团队开发 （分析）是什么？
anecdotal accounts,	轶事解释
ANOVA. See analysis of variance（ANOVA）	方差分析，参见“analysis of variance（ANOVA）”
assessment results vendors	评估 （评估）结果 评估供应商
attrition,	人才流失
attrition rate,	人才流失率
automated processes,	自动化过程
average cost per hire for each business unit	平均 每个业务单元招聘员工的（平均）成本

（续表）

cost to hire number of days to fill a position salary salary per hire	（平均）招聘成本 （平均）招聘周期 （平均）工资 每个员工的（平均）工资
B	
Becker, Gary,	加里・贝克尔
benchmarked firm,	对标后的公司
benchmarking data,	对标数据
benchmarks, external for selected metrics	基准 外部（基准） 所选指标的（比较基准）
benefits package,	福利套餐
best companies to work for,	为之工作的最好的公司
best predictors,	最佳预测因子
Beyond HR（Boudreau and Ramstad）,	布德罗和莱姆希达所著的《超越人力资源管理》
bicycles,	自行车
Big Data,	大数据
Big Data: A Revolution That Will Transform How We Live Work and Think（Mayer-Schonberger and Cukier）	大数据时代：生活、工作、思维的大变革（迈耶 - 舍恩伯格和库克耶）
board of directors,	董事会
Bonds, Nick,	尼克・邦迪斯
Boudreau, J. W.,	J.W 布德罗
brand,	品牌
Branham, Leigh,	利・伯兰罕

（续表）

business analyst growth impacts intelligence outcome measures outcomes standards	业务 / 商业 （专业）分析师 （业务）增长 （商业）影响 （商业）智慧 （业务）成果测度 （业务）成果 （业务）标准
butterfly effect,	蝴蝶效应
C	
C level,	高管级
C level documents,	供高管审阅的文件
campus hires,	校园招聘
causational data,	能体现因果关系的数据
Cause- and-effect relationships,	动因关系
Center for Talent Reporting,	人才报告中心
CEO. See chief executive officer（CEO）	首席执行官，参见“chief executive officer（CEO）”
C-group personalities, intermediate,	中级主管人员情况
champion,	支持者
change initiatives,	变革主动权
change management,	变更管理
Chaos: Making a New Science （Gleick）,	《混沌学传奇》 （格莱克）
chaos theory,	混沌理论
chaotic Lorenz waterwheel,	混乱的洛伦兹水车

（续表）

chicken-and-egg question,	“鸡和蛋”的问题
chief executive officer（CEO）,	首席执行官
chief human resources officer（CHRO）,	人力资源总监
CHRO. See chief human resources officer（CHRO）	人力资源总监，参见“chief human resources officer（CHRO）”
classroom training,	课堂培训
C-level culture executives peer group people table, top of mind	主管级 （主管级）文化 （主管级）人员 （主管级）的同级 （主管级）人员 （主管级）桌前 （主管级）最在意的事情
clients, internal,	内部客户
coaches,	教练
coaching, received, amount of,	指导 收到大量（指导）
coders,	编码员
Cohen,S, Dan	丹・S. 科恩
coincidences,	巧合
comma delimited,	comma delimited 格式
commitment,	承诺
communications program	交流 项目
community relations,	社区关系

（续表）

compensation and benefits costs programs	薪酬和福利 成本 项目
competencies,	能力
competency assessment results speed to	能力 评估 结果 速度
competitive advantage,	竞争优势
Conference Board,	世界大企业联合会
confidentiality,	机密性
conscious competent,	有意识胜任
conscious incompetent,	有意识无能
consultants,	顾问
continuous improvement loop,	持续改进循环
cooking up an analytic meal,	烹制分析大餐
correlation, about among variables model showing factors that might predict ACT/SAT score values between GPA and ACT/SAT scores	相关性 关于 变量间 显示了（相关性）因素的模型 相关性可能预测了美国大学入学考试 / 学习能力倾向测试分数 平均绩点和美国大学入学考试 / 学习能力倾向测试分数的相关性
correlational analysis,	相关性分析

（续表）

cost to hire about the new resource	招聘成本 关于 （招聘）新员工（的成本）
cost to train new hires,	培训新员工的成本
Costco,	好事多
cost/job task,	成本 / 工作任务
costs compensation and benefits	成本 薪酬和福利
critical position readiness,	关键岗位意愿度
cross-tab display of a data set format structure	交叉展示 一个数据集的（交叉）展示 （交叉展示）格式 （交叉展示）结构
Cukier, K,	K·库克耶
cultural change,	文化改变
Culture about analytics	文化 关于（文化） 分析（文化）
Customer analyzed needs demands loyalty responses retention satisfaction service/ relationship management system cycle time in job	客户 需求分析 需求 忠诚度 回应 留任 满意度 服务 / 关系 管理系统 工作周期

（续表）

D	
D’ Andrea, Raffaello,	拉菲罗·D·安德烈亚
dashboard,	仪表盘
dashboard platform,	仪表台
data analysis,	数据分析
data analysis and report,	数据分析和报告
data analysis levels,	数据分析层级
data collection/organization,	数据收集 / 组织
data entry errors,	数据录入错误
data errors in,	数据错误在……中
data format, data formatting	数据格式 设置数据格式
data mining,	数据挖掘
data missing,	数据缺失
data ownership,	数据的所有权
data quality,	数据质量
data request template,	数据申请模板
data set cross-tab display of for predictive analytics vertical display of	数据库 / 集 一个（数据集）的交叉展示 用于预测性分析的（数据集） （数据集）的垂直显示
data sources for executive reports,	高管报告数据来源
data systems,	数据系统
data tracking tool,	数据追踪工具

（续表）

data turned into information,	数据转为信息
database architecture,	数据库体系结构
database errors,	数据库错误
data-based decisions,	基于数据的决策
data-driven decisions,	数据驱动的决策
decision maker,	做决策的人
decision support,	决策支持
delimited data file,	带分隔符的数据文件
depreciation,	折旧
descriptive analysis analytics data statistics	描述性 分析 分析学 数据 统计
developmental experiences,	发展经验
director of analytics,	分析主管
displaying,	展示
dose-response curve,	剂量效应曲线
drivers of company, principal external internal	驱动力 公司的主要（驱动力） 外部（驱动力） 内部（驱动力）
Drucker, Peter,	彼得·德鲁克
E	
economic capital（intangible assets）,	经济资本（无形资产）

（续表）

economic data,	经济数据
Edison, Thomas,	托马斯·爱迪生
effectiveness about measures	效能 关于 测度 / 测量指标
Efficiency about measures	效率 关于 测度 / 测量指标
egomaniacs,	自大狂
e-learning,	在线学习
E-mail address,	电子邮箱地址
emotional undertone,	情感含义
employee behaviors,	员工行为
employee disengagement, preventable reason for seven reasons for	员工离职 员工离职的阻碍性原因 （员工离职）的七个原因
employee engagement, by group at 90 days and one year	员工敬业度 入职 90 天的群体和入职 1 年的群体
employee lay-off,	员工解雇
employee loyalty,	员工忠诚度
employer brand,	雇主品牌
engagement about scores survey rating survey results surveys	敬业度 关于 分数 调查评级 调查结果 调查

（续表）

enlightened questioning,	重点问题
enterprise’ s capabilities,	企业能力
enterprise’ s vision,	企业愿景
evaluating,	评估
exit interview,	离职面谈
exit survey about rating results	离职调查 关于 评级 结果
experience predicts performance,	经验预测绩效
external benchmarks drivers forces	外部 基准 驱动力 因素
extracurricular activities,	课外活动
F	
factors, internal,	内部因素
FASB. See Financial Accounting Standards Board（FASB）	财务会计准则委员会，参见“Financial Accounting Standards Board（FASB）”
feedback, onboarding,	在职反馈
feedback loop,	反馈循环
financial analysis capital（cash） data outcomes	财务 分析 资产（现金） 数据 成果

（续表）

Financial Accounting Standards Board（FASB）,	财务会计准则委员会
firing solutions,	解决问题（的办法）
fit with culture,	与企业文化匹配
fit with the job,	与工作匹配
force analysis,	作用力分析
forces, external,	外部因素
Fortune 100 company,	财富榜 100 以内的公司
Franks, Bill,	比尔·弗兰克斯
frequency counts,	频率计数
G	
Galvin, Bob,	鲍勃·高尔文
gatekeeper,	看管者
geographic region,	地理位置
Gleick, James,	詹姆斯·格莱克
Google searches for the term "Big data,"	谷歌关于术语"大数据"的搜索
go-to-market models,	进入市场模式
government regulations,	政府法规
grade point average（GPA）,	平均绩点
Grand Unified Theory of Human Capital,	大一统人力资本理论
graphic statistical evidence,	图表数据来证明
growth, business,	业务增长
H	
headcount,	员工人数

（续表）

The Heart of Change Field Guide（Cohen）,	变化领域指导核心（科恩）
Higgins, Jeff,	杰夫·希金斯
high potentials, identification of,	高潜质、定义
high-performing personnel,	高绩效表现的个人
Hires by business unit by level number of quality of	招聘 业务单元（招聘） 层级（招聘） （招聘）数量 （招聘）质量
hiring process,	招聘流程
Hours/job task,	耗时 / 工作任务
HR. See human resources（HR）	人力资源，参见“human resources（HR）”
HRIS. See human resources information systems CHRIS）	人力资源信息系统，参见“human resources information systems CHRIS）”
HRXML,	HRXML 格式
HTML,	HTML 格式
human behavior,	人的行为
human capital about analytics data income statement index changes from 1992 to 2008 management productivity publications	人力资本 关于 （人力资本）分析 （人力资本）数据 收益表 1992—2008 人力资本指标的变化 管理 生产率 出版物
Human Capital Analytics Conference,	人力资本分析会议

（续表）

（续表）

information technology（IT） about departments	信息技术 关于 部门
innovation,	创新
innovative products,	创新的产品
Institute for Corporate Productivity	企业生产力研究所
intangibles,	无形资产
intellectual capital,	智力资本
internal clients drivers factors	内部 客户 驱动力 因素
International Accounting Standards Committee（IASC）,	国际会计标准委员会
international assignment,	国际工作
International Financial Reporting Standards（IFRS）,	国际财务报告准则
interpretation,	解释
interval ratio,	间隔比例
interviewing,	面试
investments impact,	投资影响
IT. See information technology	信息技术，参见“information technology”
J	
job rotation learning path,	工作循环学习路径
jobs held,	工作开展

（续表）

K	
Kaplan and Norton balanced scorecard,	卡普兰和诺顿平衡计分卡
Keen, G.W.,	G・W．基恩
Kenexa,	肯纳萨
key performance indicators（KPIs）,	关键绩效指标
keypunching errors,	键盘打孔机错误
knowledge assets,	知识资产
KnowiedgeAdvisors,	KnowiedgeAdvisors 公司
Koestenbaum, Peter,	彼得・凯斯特鲍姆
KPIs. See key performance indicators（KPIs）	关键绩效指标，参见“key performance indicators（KPIs）”
L	
L=M+O+I,	领导力 = 市场 + 组织 + 个人
labor availability,	劳动力的有效性
labor market,	劳动力市场
leadership, assessment program capability development development program factors gap model programs software packages traits traits and skills	领导力 评估项目 能力 开发 开发项目 因素 差距 模型 项目 软件包 特性 特性和技能

（续表）

learning and development（L&D）manager,	学习和开发经理
learning investments impact,	学习投资影响
length of stay,	任期长度
Lev, Baruch,	巴鲁克・列弗
leverage,	杠杆
Lilly, John,	约翰・莉莉
Lincoln, Abraham,	亚伯拉罕・林肯
liquidity crisis,	流动性危机
loading line managers,	直线经理
Logic model, logistical progression,	逻辑模型 物流发展
Lorenz, Edward,	爱德华・洛伦兹
M	
macroeconomics of human behavior,	（应用到）人类行为中的宏观经济学
Macy’s,	梅西百货
management team,	管理团队
market analysts reputation share	市场 分析师 信誉 份额
mathematical models,	数学模型
maturity curve,	成熟曲线
Mayer-Schonberger,	迈耶・舍恩伯格

（续表）

M.B.A. degree,	工商管理硕士学位
McLuhan, Marshall,	马歇尔・麦克卢汉
means,	平均数
metrics definitions of traditional HR	指标 定义 传统的人力资源
metrics, definitions of,	指标的定义
Minitab,	Minitab 软件
misaligned data,	不一致数据
missing data,	数据缺失
mission of the company,	公司任务
mission-critical skills,	特定任务所需技能
mobile workforce,	移动办公
model analytic go-to-market leadership logic mathematical Nick Bontis prediction training value measurement	模型 分析 进入市场 领导力 逻辑 数学 尼克・邦迪斯 预测 培训价值的测量
modeling, of business practices,prescriptive statistical structural equation	建模 / 模型 规范性的业务实践（模型） 数据（模型） 结构方程（模型）
monetize human capital,	可盈利的人力资本

（续表）

monetized benefit,	在金钱方面的收益
MS Access,	MS Access 软件
MS Excel,	MS Excel 软件
multiple linear regression,	多元线性回归
N	
Neiman Marcus,	内曼·马库斯
new hires about cost to train performance ratings at 90 days predicted profitability for three retention of	新员工 关于 培训成本 90 天（新员工）绩效评定 3 个新员工的预计盈利能力 留任
newspaper hires,	报纸招聘
9-box ratings,	九级式评估
Nick Bonds model,	尼克·邦迪斯模型
not-for-profit organizations,	非营利组织
number hired and trained,	招聘和培训数量
number of hires,	招聘数量
number of open requisitions,	空缺岗位数量
O	
onboarding feedback,	入职反馈
on-the-job training,	在岗训练
open positions by business unit in quarter positions filled per month and time to fill	岗位空缺 季度业务单元 每月填补岗位 招聘周期

（续表）

open requisitions, number of,	空缺岗位 数量
operating problems,	运营问题
operational outputs,	运营产出
operations,	运营
optimization about model with key performance metrics performance process workforce	最优化 关于 关键绩效指标模型 绩效 流程 劳动力
organizational life management performance	组织 生活 管理 绩效
organizational policy,	组织政策
organizational power,	组织权力
organizing,	组织
outcome measures, business,	业务成果测度
outcomes,	成果
outcomes, business,	业务成果
P	
participation,	参股制
paternalism,	家族制
percentage of the goal achieved,	目标实现的百分比

（续表）

performance about appraisal system appraisals experience predicts improvement improvement plan key performance indicators（KPIs） management system metrics, optimization model with key optimization organizational rating ratings ratings, quarterly ratings at 90 days ratings at 365 days ratings for new hires at 90 days threshold	绩效 关于 评定系统 评估 经验预测 提高 提升计划 关键绩效指标 管理系统 关键绩效指标优化模型 最优化 组织的 评级 评级 季度（绩效）评定 90 天（绩效）评定 365 天（绩效）评定 90 天的新员工（绩效）评定 入门的
periodic reports,	周期性的结果
personnel ID number,	身份证号码
pivot tables,	数据透视表
Plateau,	Plateau 软件
positions filled per month,	每个月填补的岗位
potential status,	潜在状态
predict future values,	预测未来价值
predicted profitability for three new hires,	3 个新员工的盈利能力预测
predicting the future,	预测未来

（续表）

prediction model,	预测模型
predictions,	预测
predictive analyses analysis analytics analytics data set for capabilities	预测性 分析 分析的 分析 分析的数据库 能力
predictor of profitability,	盈利能力的预测因子
predictors, best,	最佳预测指标
prescriptive analysis analytics modeling of business practices	规范性 分析 分析 业务实践模型
present-day needs,	当今需求
prices,	价格
PricewaterhouseCoopers,	普华永道公司
prime question,	主要问题
problem solving,	解决问题
The Process Edge（Keen）,	《流程边缘》（基恩）
process efficiency,	流程效率
process management,	流程管理
product quality,	产品质量
productivity about among groups during year	生产力 / 产量 关于 一年内按绩效小组划分的（产量）

（续表）

estimates measures monthly	估算（产量） （生产力）测度 月度（生产力）
profitability about predictor of	盈利能力 关于 预测因子
profit-making enterprises,	营利性企业
profits,	利润
program management,	项目管理
program managers,	项目经理
programs, compensation and benefits,	薪酬福利项目
project management,	项目管理
project management capability,	项目管理能力
promotions,	晋升
Q	
qualitative vs. qualitative,	定性还是定量
quality, of hires of the recruiting process of service from recruiter	质量 招聘 招聘过程 招聘人员服务
quality system,	质量体系
question, chicken-and-egg,	“鸡和蛋”的问题
R	
R,	R 软件
Ramstad, P M,	P・M. 莱姆希达

（续表）

rating exit survey	评级 离职调查
recipe for maximum analytic value,	获取最大分析值的秘方
recruiters,	招聘人员
recruiting cycle,	招聘循环
recruitment program,	选拔方案
regression 　about 　model showing factors that 　might predict ACT/SAT scores 　multiple linear	回归 　关于 　预测美国大学入学考试 / 学习能力倾向测试 　分数可能因素的（回归）模型 　多元线性
relating,	关联
relational capital,	关系资本
relationships 　about 　cause-and-effect	关系 　关于 　因果关系
report formats,	报告格式
reporting design,	报告设计
reporting vs. analysis,	报告与分析对比
research,	研究
results 　assessment 　interpreting	结果 　评估 　解读
Retain & Grow,	留任和成长

（续表）

retention, of new hires research support program	留任 新员工 研究 支持的项目
retention/turnover within 90 or 365 days,	90 天及 365 天的留任 / 离职率
return on investment（ROI）,	投资回报
revenue about generating leadership growth	收益 关于 获得（收益）型领导力 增长
Reynolds, Joshua,	乔舒亚・雷诺
ROI. See return on investment（ROI）	投资回报率，参见“return on investment（ROI）”
S	
Saba,	Saba 公司
salary, associated with positions costs and total cost to hire compared to benchmarks costs to external benchmarks increases	工资 岗位相关的（工资） （工资）成本和聘用总成本的对标比较 外部对标的（工资）成本 增加（工资）
sale, making the,	成功说服
sales, communications improved revenue	销售 （说服的）沟通 提高 销售额
SalesForce.com,	SalesForce 网站

（续表）

SAP,	SAP 公司
Saratoga Institute,	萨拉托加研究所
SAS,	SAS 软件
SAT. See Scholastic Aptitude Test（SAT）	学习能力倾向测试，参见“Scholastic Aptitude Test（SAT）”
satisfaction with learning,	学习满意度
Schleyer, Carl,	卡尔·施莱尔
Scholastic Aptitude Test（SAT）,	学习能力倾向测试
scorecard about Kaplan and Norton balanced,	平衡计分卡 关于 卡普兰和诺顿的平衡（计分卡）
scores, engagement,	敬业度分数
sensitive information,	敏感信息
service,	服务
short-term financial goal,	短期财务目标
skill development,	技能开发
skill requirements,	技能需求
skill-based training,	基于技能的培训
Society for Human Resources Management,	人力资源管理社区
socioeconomic status,	社会经济地位
Socrates,	苏格拉底
software packages, leadership	软件包 / 套餐 领导力

（续表）

special assignments,	特殊任务
speed to competency,	胜任速度
speed to productivity,	产生生产力的速度
sponsor,	拥护者 / 支持者
sponsor satisfaction, sponsor satisfaction-leader input	支持者满意度 支持者满意度—领导者负责输入
SPSS. See Statistical Package for Social Sciences（SPSS）	SPSS 软件，参见“Statistical Package for Social Sciences（SPSS）”
SQL,	SQL 格式（结构化查询语言格式）
staffing process,	招聘流程
staffing process analysis,	招聘流程分析
stakeholders,	利益相关者
standard deviation,	标准差
standard protocols,	标准协议
standards, business	标准 业务
statement, attention-getting,	吸引别人注意力的观点
statistical analysis analysis degree modeling operations test validation techniques	统计 分析 分析程度 模型 操作 测试 验证技术
Statistical Package for Social Sciences（SPSS）,	SPSS 软件（统计产品与服务解决方案）

（续表）

status changes,	职位变化
strategic business plan,	商业战略计划
strategic chain management,	战略链条管理
structural capital,	结构化资本
structural equation modeling,	结构方程模型
structured data,	结构性数据
subjective data,	主观数据
SuccessFactors,	SuccessFactors 公司
survey rating, engagement,	敬业度调查评级
surveying,	调查
surveys, engagement,	敬业度调查
systems analysts,	系统分析师
T	
talent crisis,	人才危机
Talent Development Reporting Principles（TDRP） about effectiveness statement efficiency statement framework outcomes statement	人才发展报告原理 关于 效能报表 效率报表 架构 成果报表
talent management,	人才管理
Talent Management Impact,	人才管理影响
talent-based operating issues,	有关人才运营的事务
tangible assets,	有形资产

（续表）

TDRP ,Talent Development Reporting Principles	人才发展报告原理
team building,	团队建设
technology tools/apps,	技术工具 / 应用程序
test score-percentage passing by performance group and month,	按绩效分组或月份的测试分数百分比
text,	text 格式（文本格式）
Thrasymachus,	拉西马库斯
three value paths,	三条价值道路
Tilden, V. P,	蒂尔登副总裁
time-to-fill, compared to benchmarks metrics open positions	填充时间 / 招聘周期 与基准相比较 指标 空缺岗位
top management,	高层管理者
top-of-mind issue（s）,	最重要的事情
total cost of workforce,	劳动力总成本
training attended, amount of,	参与培训的数量
training value, training value measurement model	培训价值 培训价值的测量模型
traits, leadership,	特质，领导力
transformation,	变革
transformation, system-wide,	系统范围的变革
trial and-error process,	试错的过程
turnaround time, standard,	周转时间，标准

（续表）

turnover, 　　at 90 days 　　at 365 days 　　costs 　　by group at two years 　　rates	离职率 　　90 天内的（离职率） 　　365 天内的（离职率） 　　（离职）成本 　　两年的按绩效小组划分的离职率 　　离职率
U	
unconscious competent,	无意识的胜任
unconscious incompetent,	无意识的无能
unstructured data,	非结构化数据
V	
valuation of organizations,	组织估价
VBCs（vision, brand, culture）	VBCs（愿景、品牌、文化）
vendors assessment,	供应商评估
vertical display of a data set,	垂直显示的数据集
vision,	愿景
VP of human resources,	人力资源副总裁
W	
Walmart,	沃尔玛
websites 　　www.centerfortalentreporting.org	网页 　　人才报告中心
workforce 　　optimization 　　planning 　　segmentation	劳动力 　　最优化 　　规划 　　市场细分
work/life balance,	工作与生活的平衡

（续表）

X	
XML.	XML 格式
Y	
year-to-date actual value,	年初至今的实际价值

版权声明

Predictive Analytics for Human Resources，Jac Fitz-Enz & John R.Mattox Ⅱ

ISBN 978-1-118-89367-8